코레일 네트웍스

최종모의고사 8회분

시대에듀

2025 최신판 시대에듀 코레일네트웍스
NCS 최종모의고사 8회분 + 인성검사 + 면접 + 무료NCS특강

Always **with you**

사람의 인연은 길에서 우연하게 만나거나 함께 살아가는 것만을 의미하지는 않습니다.
책을 펴내는 출판사와 그 책을 읽는 독자의 만남도 소중한 인연입니다.
시대에듀는 항상 독자의 마음을 헤아리기 위해 노력하고 있습니다. 늘 독자와 함께하겠습니다.

머리말

한국철도공사의 계열사로 철도역 주차장 운영, 광역철도 역무위탁, 철도승차권 발매, 철도고객센터 운영, 교통카드 사업 등 철도 전반의 공공편의 서비스를 제공하고 있는 코레일네트웍스는 꾸준히 신규직원을 채용하고 있다. 코레일네트웍스의 채용절차는 「입사지원 ➡ 서류전형 ➡ 인성검사 및 필기전형 ➡ 면접전형 ➡ 최종합격」 순으로 이루어지며, 지원자격 충족 시 적격심사와 계량평가를 통해 필기전형에 응시하게 된다. 코레일네트웍스 필기전형은 NCS 기반 직업기초능력과 직무능력시험으로 진행되는데, 그중 직업기초능력은 의사소통능력, 대인관계능력, 문제해결능력, 정보능력, 조직이해능력으로 구성되며, 2023년에는 모듈형으로 출제되었다. 필기전형에서 고득점을 받기 위해서는 다양한 유형에 대한 폭넓은 학습과 문제풀이 능력을 높이는 등의 철저한 준비가 필요하다.

코레일네트웍스 합격을 위해 시대에듀에서는 코레일네트웍스 판매량 1위의 출간경험을 토대로 다음과 같은 특징을 가진 도서를 출간하였다.

도서의 특징

❶ 합격으로 이끌 가이드를 통한 채용 흐름 확인!
- 코레일네트웍스 소개와 최신 시험 분석을 수록하여 채용 흐름을 파악하는 데 도움이 될 수 있도록 하였다.

❷ 최종모의고사를 통한 완벽한 실전 대비!
- 철저한 분석을 통해 실제 시험과 유사한 최종모의고사를 6회분 수록하여 자신의 실력을 점검할 수 있도록 하였다.

❸ 다양한 콘텐츠로 최종 합격까지!
- 인성검사 및 면접 가이드&코레일네트웍스 면접 기출질문으로 채용 전반에 대비할 수 있도록 하였다.
- 모바일 OMR 답안채점/성적분석 서비스를 통해 자동으로 점수를 채점하고 확인할 수 있도록 하였다.
- 온라인 모의고사 2회분 응시 쿠폰을 무료로 제공하여 필기전형을 준비하는 데 부족함이 없도록 하였다.

끝으로 본 도서를 통해 코레일네트웍스 채용을 준비하는 모든 수험생 여러분이 합격의 기쁨을 누리기를 진심으로 기원한다.

SDC(Sidae Data Center) 씀

미션

안전하고 편리한 철도서비스 실현

비전

철도를 더 가치있게, 국민을 더 편리하게

핵심가치

고객감동

국민안전

지속성장

동반상생

사훈

청렴(淸廉)

존중(尊重)

🔄 인재상

주인의식	▶	회사의 주인이라는 의식을 가지고 문제를 해결하고자 최선을 다하는 사람
책임감	▶	매사에 능동적이며 맡은 바 업무를 끝까지 해결하는 열정을 지닌 사람
소통	▶	대화를 통해 동료를 이해하며 구성원의 화합을 이끄는 사람

🔄 심볼

새로운 한국철도는 21세기 풍요로운 생활문화를 창조하는 철도로서 한국을 대표하는 국제적인 이미지를 'KORAIL'이라는 영문 워드마크로서 커뮤니케이션한다.

푸른 원은 지구를 상징하며, 원을 가로지르는 선(Line)은 고속철도 차량의 형태로 스피드와 첨단의 기술력을 상징화하였고, 철도의 직접적인 이미지를 미래지향적으로 표현하였다. 색상은 푸른색(Blue)을 기본으로 활용하였다.

신입 채용 안내 INFORMATION

⟳ 지원자격(공통)

❶ 성별, 신체조건, 용모, 연령, 종교 등의 제한 없음

　　※ 단, 정년 이상인 자는 지원 불가(당해연도 일반직 60세, 영업직 61세)

❷ 코레일네트웍스 인사규정 제13조(채용결격 사유 및 임용취소)에 해당하지 않는 자

⟳ 필기전형

일반직	영업직
NCS 직업기초능력(50점) • 의사소통능력, 대인관계능력, 문제해결능력, 　정보능력, 조직이해능력 **직무능력시험(50점)** • 경영학, 인적자원관리, 생산관리, 마케팅관리, 　한국사	**NCS 직업기초능력(100점)** • 의사소통능력, 대인관계능력, 문제해결능력, 　정보능력, 조직이해능력

⟳ 면접전형

구분	세부내용
심사기준	직무 관련 경험면접, 상황면접 등 지원자 개별역량 평가
면접형태	다대다 면접
선발인원	채용예정 인원의 1배수(예비합격자 2배수)
부적격	평가점수 합산의 평균이 70점 미만 득점자

❖ 위 채용 안내는 2024년 채용공고를 기준으로 작성하였으므로 세부사항은 확정된 채용공고를 확인하기 바랍니다.

2023년 기출분석 ANALYSIS

총평

2023년 코레일네트웍스 필기전형은 모듈형으로 진행되었다. 난이도는 낮았지만 영역별로 사전 지식을 필요로 하는 문제가 많았고, 조직이해능력과 정보능력에서 변별력이 있었다는 후기가 많았다. 코레일네트웍스의 출제 문항 수는 25문항으로 여타 공기업에 비해 적은 편이지만, 응시시간 또한 30분으로 길지 않은 만큼 평상시 시간관리 연습 역시 중요해 보인다.

○ 의사소통능력

출제 특징	• 보고서의 종류와 관련된 문제가 출제됨 • 속담 문제가 출제됨 • 제시문의 주제 찾기 문제가 출제됨 • 공감적 경청에 관한 문제가 출제됨

○ 대인관계능력

출제 특징	• 고객의 불만 처리와 관련된 문제가 출제됨 • 갈등 관련 문제가 출제됨

○ 문제해결능력

출제 특징	• 참과 거짓을 분별하는 명제 문제가 출제됨 • 문제의 정의와 문제해결의 종류를 묻는 문제가 출제됨 • 모듈형 문제가 다수 출제됨

○ 정보능력

출제 특징	• 메트칼프의 법칙과 관련된 문제가 출제됨 • 메타버스에 관한 문제가 출제됨 • 스미싱 관련 문제가 출제됨

○ 조직이해능력

출제 특징	• MBO 관련 문제가 출제됨 • 팀 프로젝트와 관련된 문제가 출제됨 • 리더십 관련 문제가 출제됨

PSAT형

※ 다음은 K공단의 국내 출장비 지급 기준에 대한 자료이다. 이어지는 질문에 답하시오. [15~16]

〈국내 출장비 지급 기준〉

① 근무지로부터 편도 100km 미만의 출장은 공단 차량 이용을 원칙으로 하며, 다음 각호에 따라 "별표 1"에 해당하는 여비를 지급한다.
  ⊙ 일비
    ⓐ 근무시간 4시간 이상 : 전액
    ⓑ 근무시간 4시간 미만 : 1일분의 2분의 1
  ⓒ 식비 : 명령권자가 근무시간이 모두 소요되는 1일 출장으로 인정한 경우에는 1일분의 3분의 1 범위 내에서 지급
  ⓒ 숙박비 : 편도 50km 이상의 출장 중 출장일수가 2일 이상으로 숙박이 필요할 경우, 증빙자료 제출 시 숙박비 지급
② 제1항에도 불구하고 공단 차량을 이용할 수 없어 개인 소유 차량으로 업무를 수행한 경우에는 일비를 지급하지 않고 이사장이 따로 정하는 바에 따라 교통비를 지급한다.
③ 근무지로부터 100km 이상의 출장은 "별표 1"에 따라 교통비 및 일비는 전액을, 식비는 1일분의 3분의 2 해당액을 지급한다. 다만, 업무 형편상 숙박이 필요하다고 인정할 경우에는 출장기간에 대하여 숙박비, 일비, 식비 전액을 지급할 수 있다.

〈별표 1〉

구분	교통비				일비 (1일)	숙박비 (1박)	식비 (1일)
	철도임	선임	항공임	자동차임			
임원 및 본부장	1등급	1등급	실비	실비	30,000원	실비	45,000원
1, 2급 부서장	1등급	2등급	실비	실비	25,000원	실비	35,000원
2, 3, 4급 부장	1등급	2등급	실비	실비	20,000원	실비	30,000원
4급 이하 팀원	2등급	2등급	실비	실비	20,000원	실비	30,000원

1. 교통비는 실비를 기준으로 하되, 실비 정산은 국토해양부장관 또는 특별시장·광역시장·도지사·특별자치도지사 등이 인허한 요금을 기준으로 한다.
2. 선임 구분표 중 1등급 해당자는 특등, 2등급 해당자는 1등을 적용한다.
3. 철도임 구분표 중 1등급은 고속철도 특실, 2등급은 고속철도 일반실을 적용한다.
4. 임원 및 본부장의 식비가 위 정액을 초과하였을 경우 실비를 지급할 수 있다.
5. 운임 및 숙박비의 할인이 가능한 경우에는 할인 요금으로 지급한다.
6. 자동차임 실비 지급은 연료비와 실제 통행료를 지급한다.
  (연료비)=[여행거리(km)]×(유가)÷(연비)
7. 임원 및 본부장을 제외한 직원의 숙박비는 70,000원을 한도로 실비를 정산할 수 있다.

특징
▶ 대부분 의사소통능력, 수리능력, 문제해결능력을 중심으로 출제(일부 기업의 경우 자원관리능력, 조직이해능력을 출제)
▶ 자료에 대한 추론 및 해석 능력을 요구

대행사
▶ 엑스퍼트컨설팅, 커리어넷, 태드솔루션, 한국행동과학연구소(행과연), 휴노 등

모듈형

| 대인관계능력

60 다음 자료는 갈등해결을 위한 6단계 프로세스이다. 3단계에 해당하는 대화의 예로 가장 적절한 것은?

1단계	2단계	3단계
사전 준비하기	긍정적인 분위기에서 대화 시작하기	상대방의 입장 파악하기

6단계	5단계	4단계
최종적으로 해결책 선택 및 실행하기	해결책 평가하기	상대방의 입장에서 해결책 생각해보기

① 그럼 A씨의 생각대로 진행해 보시죠.

특징
▶ 이론 및 개념을 활용하여 푸는 유형
▶ 채용 기업 및 직무에 따라 NCS 직업기초능력평가 10개 영역 중 선발하여 출제
▶ 기업의 특성을 고려한 직무 관련 문제를 출제
▶ 주어진 상황에 대한 판단 및 이론 적용을 요구

대행사
▶ 인트로맨, 휴스테이션, ORP연구소 등

피듈형(PSAT형 + 모듈형)

| 문제해결능력

60 P회사는 직원 20명에게 나눠 줄 추석 선물 품목을 조사하였다. 다음은 유통업체별 품목 가격과 직원들의 품목 선호도를 나타낸 자료이다. 이를 참고하여 P회사에서 구매하는 물품과 업체를 바르게 연결한 것은?

〈업체별 품목 금액〉

구분		1세트당 가격	혜택
A업체	돼지고기	37,000원	10세트 이상 주문 시 배송 무료
	건어물	25,000원	
B업체	소고기	62,000원	20세트 주문 시 10% 할인
	참치	31,000원	
C업체	스팸	47,000원	50만 원 이상 주문 시 배송 무료
	김	15,000원	

〈구성원 품목 선호도〉

특징
▶ 기초 및 응용 모듈을 구분하여 푸는 유형
▶ 기초인지모듈과 응용업무모듈로 구분하여 출제
▶ PSAT형보다 난도가 낮은 편
▶ 유형이 정형화되어 있고, 유사한 유형의 문제를 세트로 출제

대행사
▶ 사람인, 스카우트, 인크루트, 커리어케어, 트리피, 한국사회능력개발원 등

코레일네트웍스

02 다음 중 경청훈련을 위한 방법으로 옳지 않은 것은?

① 바라보고 듣고 따라하는 등 주의를 기울인다.
② 상대방의 경험을 인정하고 더 많은 정보를 요청한다.
③ 정확성을 위해 상대방의 이야기를 요약한다.
④ '왜?'라는 질문을 하려고 노력한다.

06 다음 자료는 갈등해결을 위한 6단계 프로세스이다. 3단계에 해당하는 대화의 예로 가장 적절한 것은?

1단계 사전 준비하기	⇨	2단계 긍정적인 분위기에서 대화 시작하기	⇨	3단계 상대방의 입장 파악하기
6단계 최종적으로 해결책 선택 및 실행하기	⇦	5단계 해결책 평가하기	⇦	4단계 상대방의 입장에서 해결책 생각해보기

① 그럼 A씨의 생각대로 진행해 보시죠.
② 제 생각은 이런데, A씨의 생각은 어떠신지 말씀해 주시겠어요?
③ 저도 좋아요. 그것으로 결정해요.
④ 저는 모두가 만족하는 해결책을 찾고 싶어요.

코레일 한국철도공사 사무직

13 다음은 온실가스 총 배출량에 대한 자료이다. 이에 대한 설명으로 옳지 않은 것은?

〈온실가스 총 배출량〉

(단위 : CO_2 eq.)

구분		2016년	2017년	2018년	2019년	2020년	2021년	2022년
총 배출량		592.1	596.5	681.8	685.9	695.2	689.1	690.2
	에너지	505.3	512.2	593.4	596.1	605.1	597.7	601.0
	산업공정	50.1	47.2	51.7	52.6	52.8	55.2	52.2
	농업	21.2	21.7	21.2	21.5	21.4	20.8	20.6
	폐기물	15.5	15.4	15.5	15.7	15.9	15.4	16.4
LULUCF		-57.3	-54.5	-48.5	-44.7	-42.7	-42.4	-44.4
순 배출량		534.8	542.0	633.3	641.2	652.5	646.7	645.8
총 배출량 증감률(%)		2.3	0.7	14.3	0.6	1.4	-0.9	0.2

※ CO_2 eq. : 이산화탄소 등가를 뜻하는 단위로, 온실가스 종류별 지구온난화 기여도를 수치로 표현한 지구온난화지수
(GWP; Global Warming Potential)를 곱한 이산화탄소 환산량
※ LULUCF(Land Use, Land Use Change, Forestry) : 인간이 토지 이용에 따라 변화하게 되는 온실가스의 증감
※ (순 배출량)=(총 배출량)+(LULUCF)

① 온실가스 순 배출량은 2020년까지 지속해서 증가하다가 2021년부터 감소한다.
② 2022년 농업 온실가스 배출량은 2016년 대비 3%p 이상 감소하였다.

24 다음 글의 제목으로 가장 적절한 것은?

'5060세대'. 몇 년 전까지만 해도 그들은 사회로부터 '지는 해' 취급을 받았다. '오륙도'라는 꼬리표를 달아
일터에서 밀어내고, 기업은 젊은 고객만 왕처럼 대우했다. 젊은 층의 지갑을 노려야 돈을 벌 수 있다는 것이
기업의 마케팅 전략이었기 때문이다.
그러나 최근 들어 상황이 달라졌다. 5060세대가 새로운 소비 군단으로 주목되기 시작한 가장 큰 이유는 고령
화 사회로 접어들면서 시니어(Senior) 마켓 시장이 급속도로 커지고 있는 데다 이들이 돈과 시간을 가장 넉넉
하게 가진 세대이기 때문이다. 한 경제연구원에 따르면 50대 이상 인구 비중이 30%에 이르면서 50대 이상을
겨냥한 시장 규모가 100조 원대까지 성장할 예정이다.
통계청이 집계한 가구주 나이별 가계수지 자료를 보면, 한국 사회에서는 50대 가구주의 소득이 가장 높다.
월평균 361만 500원으로 40대의 소득보다도 높은 것으로 집계됐다. 가구주 나이가 40대인 가구의 가계수지
를 보면, 소득은 50대보다 적으면서도 교육 관련 지출(45만 6,400원)이 압도적으로 높아 소비 여력이 낮은
편이다. 그러나 50대 가구주의 경우 소득이 높으면서 소비 여력 또한 충분하다. 50대 가구주의 처분가능소득
은 288만 7,500원으로 전 연령층에서 가장 높다.
이들이 신흥 소비군단으로 떠오르면서 '애플(APPLE)족'이라는 마케팅 용어까지 등장했다. 활동적이고
(Active) 자부심이 강하며(Pride) 안정적으로(Peace) 고급문화(Luxury)를 즐기는 경제력(Economy) 있는
50대 이후 세대를 뜻하는 말이다. 통계청은 여행과 레저를 즐기는 5060세대를 '주목해야 할 블루슈머*7' 가
운데 하나로 선정했다. 과거 5060세대는 자식을 보험으로 여기며 자식에게 의존하면서 살아가는 전통적인
노인이었다. 그러나 애플족은 자녀로부터 독립해 자기만의 새로운 인생을 추구한다. '통크족(TONK; Two
Only, No Kids)'이라는 별칭이 붙는 이유이다. 통크족이나 애플족은 젊은 층의 전유물로 여겨졌던 자기중심
적이고 감각 지향적인 소비도 주저하지 않는다. 후반전 인생만은 자기가 원하는 일을 하며 멋지게 살아야

코레일 한국철도공사 기술직

글의 제목 ▶ 유형

02 K일보에 근무 중인 A기자는 나들이가 많은 요즘 자동차 사고를 예방하고자 다음과 같은 기사를 작성하였다. **기사의 제목**으로 가장 적절한 것은?

> 예전에 비해 많은 사람이 안전띠를 착용하지만, 우리나라의 안전띠 착용률은 여전히 매우 낮다. 2013년 일본과 독일에서 조사한 승용차 앞좌석 안전띠 착용률은 각각 98%와 97%를 기록했다. 하지만 같은 해 우리나라는 84.4%에 머물렀다. 특히 뒷좌석 안전띠 착용률은 19.4%로 OECD 국가 중 최하위에 머물렀다.
>
> 지난 4월 13일, 자동차안전연구원에서 '부적절한 안전띠 착용 위험성 실차 충돌시험'을 실시했다. 국내에서 처음 시행한 이번 시험은 안전띠 착용 상태에서 안전띠를 느슨하게 풀어주는 장치 사용(성인, 운전석), 안전띠 미착용 상태에서 안전띠를 느슨하게 풀어주는 장치 사용(성인, 운전석), 뒷좌석에 놀이방 매트 설치 및 안전띠와 카시트 모두 미착용(어린이, 뒷좌석) 총 세 가지 상황으로 실시했다.
>
> 성인 인체모형 2조와 3세 어린이 인체모형 1조를 활용해 승용 자동차가 시속 56km로 고정 벽에 정면충돌하도록 했다. 충돌시험 결과 놀랍게도 안전띠의 부적절한 사용은 중상 가능성이 최대 99.9%로 안전띠를 제대로 착용했을 때보다 최대 9배 높게 나타났다.
>
> 세 가지 상황별로 살펴 보자. 먼저 안전띠를 느슨하게 풀어주는 장치를 사용할 경우이다. 중상 가능성은 49.7%로, 올바른 안전띠 착용보다 약 5배 높게 나타났다. 느슨해진 안전띠로 인해 차량 충돌 시 탑승객을 효과적으로 구속하지 못하기 때문이다. 그리고 안전띠 경고음 차단 클립을 사용한 경우에는 중상 가능성이 80.3%로 더욱 높아졌다. 에어백이 충격 일부를 흡수하기는 하지만 머리는 앞면 창유리에, 가슴은 크래시 패드에 심하게 부딪친 결과이다. 마지막으로 뒷좌석 놀이방 매트 위에 있던 3세 어린이 인체 모형은 중상 가능성이 99.9%로, 생명에 치명적 위험을 초래하는 것으로 나타났다. 어린이 인체모형은 자동차 충격 때문에 튕겨 나가 앞좌석 등받이와 심하게 부딪쳤고, 안전띠와 카시트를 착용한 경우보다 머리 중상 가능성이 99.9%, 가슴 중상 가능성이 93.9% 이상 높았다.

도급 ▶ 키워드

01 K공사는 부대시설 건축을 위해 A건축회사와 계약을 맺었다. 다음의 계약서를 보고 건축시설처의 L대리가 파악할 수 있는 내용으로 가장 적절한 것은?

> ⟨공사**도급**계약서⟩
>
> **상세시공도면 작성(제10조)**
> ① '을'은 건축법 제19조 제4항에 따라 공사감리자로부터 상세시공도면의 작성을 요청받은 경우에는 상세시공도면을 작성하여 공사감리자의 확인을 받아야 하며, 이에 따라 공사를 하여야 한다.
> ② '갑'은 상세시공도면의 작성범위에 관한 사항을 설계자 및 공사감리자의 의견과 공사의 특성을 감안하여 계약서상의 시방에 명시하고, 상세시공도면의 작성비용을 공사비에 반영한다.
>
> **안전관리 및 재해보상(제11조)**
> ① '을'은 산업재해를 예방하기 위하여 안전시설의 설치 및 보험의 가입 등 적정한 조치를 하여야 한다. 이때 '갑'은 계약금액의 안전관리비 및 보험료 상당액을 계상하여야 한다.
> ② 공사현장에서 발생한 산업재해에 대한 책임은 '을'에게 있다. 다만, 설계상의 하자 또는 '갑'의 요구에 의한 작업으로 인한 재해에 대하여는 그러하지 아니하다.
>
> **응급조치(제12조)**
> ① '을'은 재해방지를 위하여 특히 필요하다고 인정될 때에는 미리 긴급조치를 취하고 즉시 이를 '갑'에게 통지하여야 한다.
> ② '갑'은 재해방지 및 기타 공사의 시공상 긴급·부득이하다고 인정할 때에는 '을'에게 긴급조치를 요구할 수 있다.
> ③ 제1항 및 제2항의 응급조치에 소요된 경비에 대하여는 제16조 제2항의 규정을 준용한다.

코레일 한국철도공사 고졸

주장과 근거 ▶ 유형

25 제시문이 근거가 될 수 있는 가장 적절한 주장은?

> 중세 유럽은 철저히 기독교적인 사회였다. 성경을 부정하거나 신을 부정하는 일은 상상조차 할 수 없는 시대였다. 그러나 코페르니쿠스, 갈릴레오 등이 '지구는 우주의 중심이 아니다.'라는 과학적 명제를 밝혀냄으로써 사람들의 가치관은 흔들리기 시작했다. 이후 다윈의 '종의 기원' 등을 통하여 사람들의 마음속에 더는 성경이 진리가 아닐 수도 있다는 생각을 심어주게 되었고 이는 '신이 존재하지 않을 수도 있다.'라는 결론을 도출하게 되었다. 몇 세기 전만 해도 유럽 사회에서 신에 대한 부정은 매우 불경스러운 행위였다. 사형에 처하게 될 수도 있을 만큼 도덕적으로 옳지 않은 행위로 간주되었던 것이다. 그러나 현대 유럽 사회에서 자신을 무신론자라고 드러내는 것은 어떠한 문제도 되지 않는다.

① 새롭게 밝혀지는 과학 지식으로 인해 사람들의 가치관이 변할 수 있다.
② 종교는 무지의 산물이며 현대인이 극복해내야 할 과거의 산물이다.
③ 기독교는 과학과 양립할 수 없다.
④ 유럽 문명의 근간에는 기독교적 가치관이 깔려 있다.
⑤ 현대 사회는 과거의 가치를 부정하는 과정을 통해 성립되었다.

업체 선정 ▶ 유형

05 K공사에서 근무하는 B사원은 새로 도입되는 교통 관련 정책 홍보자료를 만들어서 배포하려고 한다. 인쇄업체별 비용 견적을 참고할 때, 다음 중 가장 저렴한 비용으로 인쇄할 수 있는 업체는?

〈인쇄업체별 비용 견적〉

(단위 : 원)

업체명	페이지당 비용	표지 가격		권당 제본비용	할인
		유광	무광		
A인쇄소	50	500	400	1,500	-
B인쇄소	70	300	250	1,300	-
C인쇄소	70	500	450	1,000	100부 초과 시 초과 부수만 총비용에서 5% 할인
D인쇄소	60	300	200	1,000	-
E인쇄소	100	200	150	1,000	총 인쇄 페이지 5,000페이지 초과 시 총비용에서 20% 할인

※ 홍보자료는 관내 20개 지점에 배포하고, 지점마다 10부씩 배포한다.
※ 홍보자료는 30페이지 분량으로 제본하며, 표지는 유광표지로 한다.

① A인쇄소
② B인쇄소
③ C인쇄소
④ D인쇄소
⑤ E인쇄소

1 NCS 최종모의고사 + OMR을 활용한 실전 연습

코레일네트웍스 신입직원 필기전형

제1회 최종모의고사

문항 수 : 25문항
시험시간 : 30분

01 다음 중 문서이해를 위한 구체적인 절차 가운데 가장 먼저 행해져야 할 사항은?

① 문서의 목적을 이해하기
② 문서가 작성된 배경과 주제를 파악하기
③ 현안을 파악하기
④ 내용을 요약하고 정리하기

02 다음 중 문서의 종류에 대한 설명으로 적절하지 않은 것은?

① 공문서는 정부 행정기관에서 대내적, 혹은 대외적 공무를 집행하기 위해 작성하는 문서이다.
② 기안서는 회사의 업무에 대한 협조를 구하거나 의견을 전달할 때 작성하며 흔히 사내 공문서로 불린다.
③ 비즈니스 레터는 적극적으로 아이디어를 내고 기획한 하나의 프로젝트를 문서형태로 만들어, 상대방에게 그 내용을 전달하여 기획을 시행하도록 설득하는 문서이다.

03

2 코...

코레일네트웍스 최종모의고사 답안카드

성 명

지원 분야

문제지 형별기재란

( )형   Ⓐ
Ⓑ

수 험 번 호

감독위원 확인

인

1	① ② ③ ④	21	① ② ③ ④
2	① ② ③ ④	22	① ② ③ ④
3	① ② ③ ④	23	① ② ③ ④
4	① ② ③ ④	24	① ② ③ ④
5	① ② ③ ④	25	① ② ③ ④
6	① ② ③ ④		
7	① ② ③ ④		
8	① ② ③ ④		
9	① ② ③ ④		
10	① ② ③ ④		
11	① ② ③ ④		
12	① ② ③ ④		
13	① ② ③ ④		
14	① ② ③ ④		
15	① ② ③ ④		
16	① ② ③ ④		
17	① ② ③ ④		
18	① ② ③ ④		
19	① ② ③ ④		
20	① ② ③ ④		

※ 본 답안지는 마킹연습용 모의 답안지입니다.

▶ 코레일네트웍스 NCS 최종모의고사 6회분과 OMR 답안카드를 수록하여 실제로 시험을 보는 것처럼 학습할 수 있도록 하였다.

▶ 모바일 OMR 답안채점/성적분석 서비스를 통해 필기시험에 완벽히 대비할 수 있도록 하였다.

2 인성검사 및 면접 가이드로 채용 전반에 대비

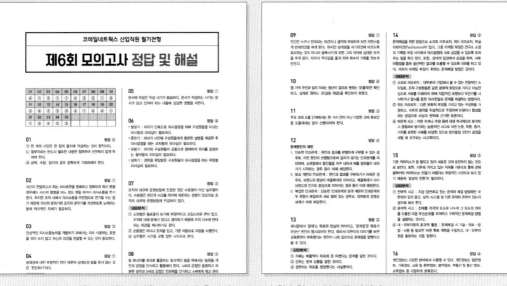

▶ 인성검사 및 면접 가이드 & 코레일네트웍스 면접 기출질문으로 채용 전반에 대비할 수 있도록 하였다.

3 상세한 해설로 정답과 오답을 완벽하게 이해

▶ 정답과 오답에 대한 상세한 해설을 수록하여 혼자서도 꼼꼼히 학습할 수 있도록 하였다.

이 책의 차례 CONTENTS

제1회
코레일네트웍스

NCS 직업기초능력

〈문항 및 시험시간〉

영역	문항 수	시험시간	모바일 OMR 답안채점 / 성적분석 서비스
의사소통능력＋대인관계능력＋문제해결능력＋정보능력＋조직이해능력	25문항	30분	

제1회 최종모의고사

문항 수 : 25문항
시험시간 : 30분

01 다음 중 문서이해를 위한 구체적인 절차 가운데 가장 먼저 행해야 할 사항은?

① 문서의 목적을 이해하기
② 문서가 작성된 배경과 주제를 파악하기
③ 현안을 파악하기
④ 내용을 요약하고 정리하기

02 다음 중 문서의 종류에 대한 설명으로 적절하지 않은 것은?

① 공문서는 정부 행정기관에서 대내적 혹은 대외적 공무를 집행하기 위해 작성하는 문서이다.
② 기안서는 회사의 업무에 대한 협조를 구하거나 의견을 전달할 때 작성하며 흔히 사내 공문서로 불린다.
③ 비즈니스 레터는 적극적으로 아이디어를 내고 기획한 하나의 프로젝트를 문서 형태로 만들어, 상대방에게 그 내용을 전달하여 기획을 시행하도록 설득하는 문서이다.
④ 보고서는 특정한 일에 관한 현황이나 그 진행 상황 또는 연구·검토 결과 등을 보고하고자 할 때 작성하는 문서이다.

03 다음 제시된 사자성어와 유사한 뜻을 가진 속담은?

부화뇌동(附和雷同)

① 서른세 해 만에 꿈 이야기한다.
② 누운 소 똥 누듯 한다.
③ 서낭에 가 절만 한다.
④ 차돌에 바람 들면 석돌보다 못하다.

04 공감적 이해의 단계를 인습적 수준, 기본적 수준, 심층적 수준 세 가지로 나누어 볼 때, 다음 사례에 나타난 A ~ C는 각각 어느 수준에 해당하는가?

A, B, C는 같은 초등학교에 다니고 있는 아이들의 학부모로, 서로 나이도 비슷하고 취미도 비슷하여 친하게 지내고 있다. 그러나 이 셋은 아이들과 대화할 때 대화 방식에서 큰 차이를 보인다.

초등학생인 아이가 "학교 숙제는 제가 알아서 할게요. 자꾸 집에 오면 숙제부터 먼저 하라고 하시는데 제가 작성한 하루 일과표에 따라 순서대로 할게요."라고 하였을 때, A, B, C는 다음과 같이 이야기하였다.

A : 지난번에도 알아서 하겠다고 해놓고, 결국엔 잊어버려서 학교에 가서 혼나지 않았니? 엄마, 아빠 말 들어서 나쁠 거 하나 없어.

B : 이제 스스로 더 잘할 수 있다는 이야기구나. 하루 일과표를 지키겠다는 책임감도 갖게 된 것 같구나.

C : 엄마, 아빠가 너무 학교 숙제에 대해서만 이야기해서 기분이 상했구나.

	A	B	C
①	인습적	기본적	심층적
②	인습적	심층적	기본적
③	기본적	인습적	심층적
④	기본적	심층적	인습적

05 다음 글을 참고할 때, 문법적 형태소가 가장 많이 포함된 문장은?

문법형태소(文法形態素)는 문법적 의미가 있는 형태소로, 어휘형태소와 함께 쓰여 그들 사이의 관계를 나타내는 기능을 하는 형태소를 말한다. 한국어에서는 조사와 어미가 이에 해당한다. 의미가 없고 문장의 형식 구성을 보조한다는 의미에서 형식형태소(形式形態素)라고도 한다.

① 동생이 나 몰래 사탕을 먹었다.
② 우리 오빠는 키가 작았다.
③ 봄이 오니 산과 들에 꽃이 피었다.
④ 나는 가게에서 김밥과 돼지고기를 샀다.

06 다음 중 거래적 리더십과 변혁적 리더십의 차이점에 대한 설명으로 옳지 않은 것은?

> 거래적 리더십은 '규칙을 따르는' 의무에 관계되어 있기 때문에 거래적 리더들은 변화를 촉진하기보다는 조직의 안정을 유지하는 것을 중시한다. 그리고 거래적 리더십에는 리더의 요구에 부하가 순응하는 결과를 가져오는 교환과정이 포함되지만, 조직원들이 과업목표에 대해 열의와 몰입까지는 발생시키지 않는 것이 일반적이다.
> 변혁적 리더십은 거래적 리더십 내용에 대조적이다. 리더가 조직원들에게 장기적 비전을 제시하고 그 비전을 향해 매진하도록 조직원들로 하여금 자신의 정서·가치관·행동 등을 바꾸어 목표달성을 위한 성취의지와 자신감을 고취시킨다. 즉, 거래적 리더십은 교환에 초점을 맞춰 단기적 목표를 달성하고 이에 따른 보상을 받고, 변혁적 리더십은 장기적으로 성장과 발전을 도모하며 조직원들이 소속감, 몰입감, 응집력, 직무만족 등을 발생시킨다.

① 거래적 리더십의 보상체계는 규정에 맞게 성과 달성 시 인센티브와 보상이 주어진다.

② 변혁적 리더십은 기계적 관료제에 적합하고, 거래적 리더십은 단순구조나 임시조직에 적합하다.

③ 거래적 리더십은 안전을 지향하고 폐쇄적인 성격을 가지고 있다.

④ 변혁적 리더십은 공동목표를 추구하고 리더가 교육적 역할을 담당한다.

07 다음은 서비스에 불만족한 고객을 불만 표현 유형별로 구분한 것이다. 밑줄 친 (A) ~ (D)를 상대하는 데 있어 주의해야 할 사항으로 옳지 않은 것은?

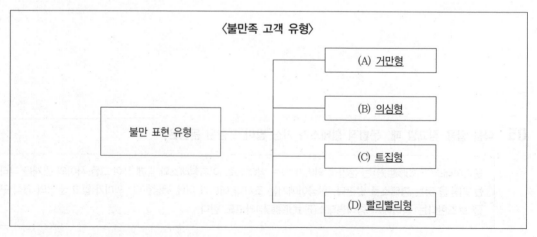

① (A)의 경우 상대방의 과시욕이 채워질 수 있도록 무조건 정중하게 대하는 것이 좋다.

② (B)의 경우 분명한 증거나 근거를 제시하여 스스로 확신을 갖도록 유도해야 한다.

③ (C)의 경우 이야기를 경청하고, 맞장구치고, 추켜세우고, 설득해 가는 방법이 효과적이다.

④ (D)의 경우 애매한 화법을 사용하여 최대한 시간을 끌어야 한다.

08 다음 글에서 설명하고 있는 설득 전략으로 가장 적절한 것은?

> 어떤 과학적인 논리보다도 동료를 비롯한 사람들의 말과 행동으로 상대방을 설득하는 것이 협상과정에서 생기는 갈등을 해결하기에 더 수월하다. 즉, 사람은 과학적 이론보다 자신의 동료나 이웃의 말이나 행동에 의해서 쉽게 설득된다는 것이다. 예를 들어 광고를 내보내서 고객들로 하여금 자신의 제품을 구매하도록 설득하는 것보다 소위 '입소문'을 통해서 설득하는 것이 매출에 더 효과적임을 알 수 있다.

① See-Feel-Change 전략　　　　　② 호혜 관계 형성 전략
③ 헌신과 일관성 전략　　　　　　④ 사회적 입증 전략

09 다음은 고객 불만 처리 프로세스 8단계를 나타낸 것이다. 밑줄 친 (A) ~ (D)에 대한 설명으로 옳지 않은 것은?

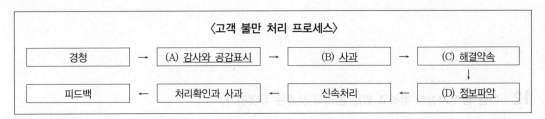

〈고객 불만 처리 프로세스〉

경청 → (A) 감사와 공감표시 → (B) 사과 → (C) 해결약속 → (D) 정보파악 → 신속처리 → 처리확인과 사과 → 피드백

① (A)의 경우 고객이 일부러 시간을 내서 해결의 기회를 준 것에 대한 감사를 표시한다.
② (B)의 경우 고객의 이야기를 듣고 문제점에 대해 인정하고 잘못된 부분에 대해 사과한다.
③ (C)의 경우 고객이 납득할 수 있도록 신중하고 천천히 문제를 해결할 것임을 약속한다.
④ (D)의 경우 문제해결을 위해 꼭 필요한 질문만 하여 정보를 얻는다.

10 다음 중 인간관계에 있어서 가장 중요한 요소는 무엇인가?

① 무엇을 말하는가 하는 것

② 어떻게 행동하느냐 하는 것

③ 피상적인 인간관계 기법

④ 내적 성품, 자신의 사람됨

11 다음 중 (가) ~ (다)의 문제 유형을 바르게 연결한 것은?

> (가) K회사의 에어컨 판매부서는 현재 어느 정도 매출이 나오고 있는 상황이지만, 경쟁사가 늘어나고 있어 생산성을 높이기 위한 방안을 모색하고 있다.
>
> (나) 작년에 K회사에서 구입한 에어컨을 꺼내 사용하고자 하였으나, 고장이 나서 작동하지 않았다.
>
> (다) 에어컨에 주력하던 K회사는 올해부터 새로운 사업으로 공기청정기 분야에 관심을 보이고 있다.

	(가)	(나)	(다)
①	발생형 문제	탐색형 문제	설정형 문제
②	설정형 문제	탐색형 문제	발생형 문제
③	설정형 문제	발생형 문제	탐색형 문제
④	탐색형 문제	발생형 문제	설정형 문제

12 다음 중 K사장이 범하고 있는 논리적 오류는 무엇인가?

> K사장 : 여러분, 분열은 우리의 화합으로 극복할 수 있습니다. 화합한 사회에서는 분열이 일어나지 않습니다.

① 순환논증의 오류　　　　　　　　② 무지의 오류

③ 논점 일탈의 오류　　　　　　　　④ 대중에 호소하는 오류

13 K공사에 근무하는 A대리는 공간정보 품질관리사업에 대한 SWOT 분석 결과 자료를 토대로 〈보기〉와 같이 판단하였다. 다음 〈보기〉 중 SWOT 분석을 토대로 판단한 경영전략으로 적절하지 않은 것을 모두 고르면?

〈공간정보 품질관리사업에 대한 SWOT 분석 결과〉

구분	분석 결과
강점(Strength)	• 도로명주소 서비스의 정확성 개선사업을 통한 국토정보 유지관리사업 추진 경험 • 위치 기반 생활지원 서비스인 'K랑'의 성공적 구축
약점(Weakness)	• 국토정보 수집 관련 기기 및 설비 운용인력의 부족 • 공공수요에 편중된 국토정보 활용
기회(Opportunity)	• 국토정보체계 표준화에 성공한 해외 기관과의 협력 기회 마련
위협(Threat)	• 드론 조종사 양성을 위한 예산 확보 어려움

〈보기〉
ㄱ. 유지관리사업 추진 경험에 따른 노하우를 해외 기관에 제공하고 이를 더욱 개선하기 위해 국내에서 예산을 확보하는 것은 SO전략에 해당한다.
ㄴ. 'K랑'의 성공적 구축 사례를 활용해 드론 운용사업의 잠재성을 강조하여 드론 조종사 양성 예산을 확보하는 것은 ST전략에 해당한다.
ㄷ. 해외 기관과의 협력을 통해 국토정보 유지관리사업을 개선하는 것은 WO전략에 해당한다.
ㄹ. 드론 조종사 양성을 위한 예산을 확보하여 기기 운용인력을 확충하기 위해 노력하는 것은 WT전략에 해당한다.

① ㄱ, ㄴ
② ㄱ, ㄷ
③ ㄴ, ㄷ
④ ㄴ, ㄹ

14 K베이커리에서는 우유식빵, 밤식빵, 옥수수식빵, 호밀식빵을 단체 4곳(가 ~ 라)에 한 종류씩 납품한다. 다음 〈조건〉을 참고할 때, 반드시 참인 것은?

〈조건〉
• 한 단체에 납품하는 빵은 종류가 겹치지 않도록 한다.
• 우유식빵과 밤식빵은 가에 납품된 적이 있다.
• 옥수수식빵과 호밀식빵은 다에 납품된 적이 있다.
• 옥수수식빵은 라에 납품된다.

① 우유식빵은 나에도 납품된 적이 있다.
② 옥수수식빵은 가에도 납품된 적이 있다.
③ 호밀식빵은 가에 납품될 것이다.
④ 우유식빵은 다에 납품된 적이 있다.

15 다음과 같은 특징을 가지고 있는 창의적 사고 개발 방법은?

> 일정한 주제에 관하여 회의를 하고, 참가하는 인원이 자유발언을 통해 아이디어를 제시하는 것으로, 다른 사람의 발언에 비판하지 않는다.

① 스캠퍼 기법
③ 브레인스토밍

② 여섯 가지 색깔 모자
④ TRIZ

16 다음 중 신기술에 대한 설명으로 옳지 않은 것은?

① NFC : 근거리 무선 통신으로 전자기 유도 현상을 이용하여 정보를 주고받는 기술이다.
② 딥페이크 : AI를 기반으로 한 변조 및 합성 기술이다.
③ 클라우드 : 소프트웨어와 데이터를 인터넷과 연결된 중앙 컴퓨터에 저장하여 이용하는 기술이다.
④ 블록체인 : 거래 정보를 중앙 서버가 단독으로 기록하고 관리하는 기술이다.

17 다음에서 설명하는 컴퓨터 범죄의 종류는?

> 악성코드에 감염된 사용자 PC를 조작하여 금융정보 등을 빼내는 범죄 유형으로, 정상 홈페이지로 가장하여 금융정보(보안카드번호 전부) 입력을 요구하는 신종 금융사기의 주요 범행수단이다.
> 사용자 PC가 악성코드에 감염 → 정상 홈페이지에 접속하여도 가짜 사이트로 유도 → 금융정보 등 탈취 → 범행계좌로 이체 등의 순서로 이루어진다.

① 피싱
② 파밍
③ 스미싱
④ 스누핑

18 다음 중 데이터베이스의 필요성에 대한 설명으로 옳은 것을 〈보기〉에서 모두 고르면?

---〈보기〉---
ㄱ. 데이터의 중복을 줄이고 안정성을 높인다.
ㄴ. 데이터의 양이 많아 검색이 어려워진다.
ㄷ. 프로그램의 개발이 쉽고 개발 기간도 단축한다.
ㄹ. 데이터가 한 곳에만 기록되어 있어 결함 없는 데이터를 유지하기 어려워진다.

① ㄱ, ㄴ
② ㄱ, ㄷ
③ ㄴ, ㄷ
④ ㄷ, ㄹ

19 다음 〈보기〉 중 각 분야에서의 컴퓨터 활용에 대한 설명으로 옳지 않은 것을 모두 고르면?

---〈보기〉---
ㄱ. 기업경영 분야에서는 컴퓨터를 활용하여 MIS, DSS를 운용하고 있다.
ㄴ. 행정 분야에서는 신속한 민원처리를 위해 POS프로그램을 이용하여 행정 서비스를 제공하고 있다.
ㄷ. 공장에서는 CAI를 이용해 자동화함으로써 생산효율을 높일 수 있다.
ㄹ. 교육 분야에서는 CAM를 활용함으로써 학습자들이 개인차에 따라 학습 속도를 조절할 수 있다.

① ㄱ, ㄴ
② ㄱ, ㄹ
③ ㄴ, ㄷ
④ ㄴ, ㄷ, ㄹ

20 다음 중 정보화 사회에 대한 설명으로 가장 적절한 것은?

① 정보화 사회에서는 정보의 다양한 특성 중 기술적 실효성이 가장 강조된다.

② 정보화 사회의 심화는 새로운 분야에서 국가 간 갈등을 야기해 세계화를 저해한다.

③ 지식정보 관련 산업이 핵심 산업이 되면서, 물질이나 에너지 산업의 부가가치 생산성은 저하되고 있다.

④ 정보화 사회가 진전됨에 따라 지식과 정보의 증가량 및 변화 속도는 더욱 증가할 것이다.

21 다음 중 빈칸 ㉠, ㉡에 들어갈 조직 유형을 바르게 나열한 것은?

> 조직은 ___㉠___ 과 ___㉡___ 으로 구분할 수 있다. ___㉠___ 은 기업과 같이 경제적인 이윤을 목적으로 하는 조직이며, ___㉡___ 은 정부 조직을 비롯하여 공익을 추구하는 병원, 대학, 시민단체, 종교단체 등을 가리킨다.

	㉠	㉡
①	공식조직	비공식조직
②	비공식조직	공식조직
③	비영리조직	영리조직
④	영리조직	비영리조직

22 직업인은 조직의 구성원으로서 조직체제의 구성요소를 이해하는 체제이해능력이 요구된다. 조직체제의 구성요소가 다음과 같을 때, 이에 대한 설명으로 적절하지 않은 것은?

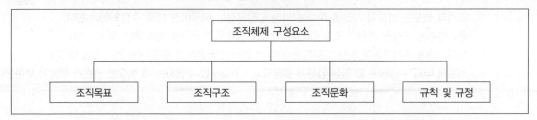

① 조직의 규칙과 규정은 조직구성원들의 자유로운 활동범위를 보장하는 기능을 한다.

② 조직구조에서는 의사결정권이 하부구성원들에게 많이 위임되는 유기적 조직도 볼 수 있다.

③ 조직의 목표는 조직이 달성하려는 장래의 상태로, 조직이 존재하는 정당성과 합법성을 제공한다.

④ 조직문화는 조직구성원들의 사고와 행동에 영향을 미치며, 일체감과 정체성을 부여한다.

23 다음 글에서 설명하고 있는 조직의 경영 기법은 무엇인가?

> 모든 조직은 경영의 기본 활동인 계획 – 실행 – 평가를 통해 조직이 원하는 성과를 창출해 낸다. 해당 기법은 이러한 조직의 경영 활동을 체계적으로 지원하는 관리 도구로, 경영자 및 관리자들이 시간 관리를 통해서 개인 자기 자신을 관리하듯 목표를 통해서 개인 및 조직성과를 관리한다. 성과 향상을 위해서는 목표를 설정하고, 이를 지속적으로 관리하는 것이 중요하다. 평가 결과는 과정의 산물이며, 성과 개선에 영향을 미치는 부수적인 요인이다. 따라서 기업들은 해당 기법을 활용할 경우 평가나 그 결과의 활용보다는 목표 설정, 중간 점검 등의 단계에 더욱 많은 관심을 기울여야 한다.

① 과업평가계획(PERT)

② 목표관리(MBO)

③ 조직개발(OD)

④ 총체적 질관리(TQM)

24 다음 〈보기〉 중 업무배정에 대한 설명으로 옳지 않은 것을 모두 고르면?

〈보기〉

ㄱ. 조직의 업무는 반드시 사전에 직책에 따라 업무분장이 이루어진 대로 수행되어야 한다.

ㄴ. 근속연수는 구성원 개인이 조직 내에서 책임을 수행하고 권한을 행사하는 기반이 된다.

ㄷ. 동시간대에 수행하여야 하는 업무들은 하나의 업무로 통합하여 수행하는 것이 효율적이다.

ㄹ. 직위에 따라 수행해야 할 일정 업무가 할당되고, 그 업무를 수행하는 데 필요한 권한과 책임이 부여된다.

---

① ㄱ, ㄴ

② ㄱ, ㄷ

③ ㄴ, ㄷ

④ ㄴ, ㄹ

25 다음 중 조직의 변화에 대한 설명으로 옳은 것은?

① 조직 변화와 관련된 환경의 변화는 조직에 영향이 없는 변화들도 모두 포함한다.

② 변화를 실행하고자 하는 조직은 기존의 규정 내에서 환경에 대한 최적의 적응방안을 모색해야 한다.

③ 조직의 변화전략은 실현가능할 뿐 아니라 구체적이어야 한다.

④ 조직구성원들이 현실에 안주하고 변화를 기피하는 경향이 약할수록 환경 변화를 인지하지 못한다.

제2회
코레일네트웍스

NCS 직업기초능력

www.sdedu.co.kr

〈문항 및 시험시간〉

영역	문항 수	시험시간	모바일 OMR 답안채점 / 성적분석 서비스
의사소통능력＋대인관계능력＋문제해결능 력＋정보능력＋조직이해능력	25문항	30분	

제2회 최종모의고사

문항 수 : 25문항
시험시간 : 30분

01 다음 글에서 필자가 주장하는 핵심 내용으로 가장 적절한 것은?

> 현대 사회는 대중 매체의 영향을 많이 받으며, 그중에서도 텔레비전의 영향은 거의 절대적입니다. 언어 또한 텔레비전의 영향을 많이 받습니다. 그런데 텔레비전의 언어는 우리의 언어 습관을 부정적인 방향으로 흐르게 하고 있습니다.
>
> 텔레비전은 시청자들의 깊이 있는 사고보다는 감각적 자극에 호소하는 전달 방식을 사용하고 있습니다. 게다가 현대 자본주의 사회에서의 텔레비전 방송은 상업주의에 편승하여 대중을 붙잡기 위한 방편으로 쾌락과 흥미 위주의 언어를 무분별하게 사용합니다. 결국 텔레비전은 대중의 이성적 사고 과정을 마비시켜 오염된 언어 습관을 무비판적으로 수용하게 합니다. 그렇기 때문에 언어 사용을 통해 발전시킬 수 있는 상상적 사고를 기대하기 어렵게 하며, 창조적인 언어 습관보다는 단편적인 언어 습관을 갖게 만듭니다.
>
> 따라서 좋은 말 습관의 형성을 위해서는 또 다른 문화 매체가 필요합니다. 이러한 문제의 대안으로 문학 작품 독서를 제시하려고 합니다. 문학은 작가적 현실을 언어를 매개로 형상화한 예술입니다. 작가적 현실을 작품으로 형상화하기 위해서는 작가의 복잡한 사고 과정을 거치듯이, 작품을 바르게 이해·해석·평가하기 위해서는 독자의 상상적 사고를 거치게 됩니다. 또한, 문학은 아름다움을 지향하는 언어 예술로서 정제된 언어를 사용하므로 문학 작품 감상을 통해 습득된 언어 습관은 아름답고 건전하리라 믿습니다.

① 쾌락과 흥미 위주의 언어 습관을 지양하고 사고 능력을 기를 수 있는 언어 습관을 길러야 한다.

② 사고 능력을 기르고 건전한 언어 습관을 길들이기 위해서 문학 작품 독서가 필요하다.

③ 바른 언어 습관의 형성과 건전하고 창의적인 사고를 위해 텔레비전을 멀리 해야 한다.

④ 언어는 자신의 사상을 표현하는 매체일 뿐만 아니라 그것을 사용하는 사람의 인격을 가늠하는 척도이므로 바른 언어 습관이 중요하다.

02 다음 밑줄 친 단어의 맞춤법이 옳지 않은 것은?

① 우리는 첨단산업을 <u>개발하고</u> 육성해야 한다.

② 기술자가 없어서 고가의 장비를 <u>썩이고</u> 있다.

③ 생선 장수들이 좌판을 <u>벌이고</u> 손님을 맞아들였다.

④ 메모지를 벽에 덕지덕지 <u>붙여</u> 놓아 지저분해 보인다.

03 다음 중 올바른 경청방법으로 적절하지 않은 것은?

① 상대를 정면으로 마주하는 자세는 상대방이 자칫 위축되거나 부담스러워할 수 있으므로 지양한다.

② 손이나 다리를 꼬지 않는 개방적인 자세는 상대에게 마음을 열어놓고 있음을 알려주는 신호이다.

③ 우호적인 눈의 접촉(Eye-Contact)은 자신이 상대방에게 관심을 가지고 있음을 알려준다.

④ 비교적 편안한 자세는 전문가다운 자신만만함과 아울러 편안한 마음을 상대방에게 전할 수 있다.

04 다음 중 문서의 종류와 작성법이 바르게 연결되지 않은 것은?

① 공문서 : 마지막엔 반드시 '끝' 자로 마무리한다.

② 설명서 : 복잡한 내용은 도표화한다.

③ 기획서 : 상대가 요구하는 것이 무엇인지 고려하여 작성한다.

④ 보고서 : 적극적으로 어필해 상대가 채택하게끔 설득력 있게 작성한다.

05 다음 글의 내용과 가장 비슷한 의미를 가진 속담은?

> 말을 마치지 못하여서 구름이 걷히니 호승이 간 곳이 없고, 좌우를 돌아보니 팔 낭자가 또한 간 곳이 없는지라 정히 경황(驚惶)하여 하더니, 그런 높은 대와 많은 집이 일시에 없어지고 제 몸이 한 작은 암자 중의 한 포단 위에 앉았으되, 향로(香爐)에 불이 이미 사라지고, 지는 달이 창에 이미 비치었더라.

① 공든 탑이 무너지랴.
② 산 까마귀 염불한다.
③ 열흘 붉은 꽃이 없다.
④ 고양이가 쥐 생각해 준다.

06 다음 사례에서 알 수 있는 효과적인 팀의 특징으로 가장 적절한 것은?

> A, B, C가 공동으로 운영 중인 커피전문점은 현재 매출이 꾸준히 상승하고 있다. 매출 상승의 원인을 살펴보면 우선 A, B, C는 각자 자신이 해야 할 일이 무엇인지 정확하게 알고 있다. A는 커피를 제조하고 있으며, B는 디저트를 담당하고 있다. 그리고 C는 계산 및 매장관리를 전반적으로 맡고 있다. A는 고객들이 다시 생각나게 할 수 있는 독창적인 커피 맛을 위해 커피 블렌딩을 연구하고 있으며, B는 커피와 적합하고, 고객들의 연령에 맞는 다양한 디저트를 개발 중이다. 그리고 C는 A와 B가 자신의 업무에 집중할 수 있도록 적극적으로 지원하고 있다. 이처럼 A, B, C는 서로의 업무를 이해하면서 즐겁게 일하고 있으며, 이것이 매출 상승의 원인으로 작용하고 있는 것이다.

① 창조적으로 운영된다.
② 결과에 초점을 맞춘다.
③ 개인의 강점을 활용한다.
④ 역할을 명확하게 규정한다.

07 다음 대화 중 리더와 관리자의 차이에 대해 잘못 이야기하고 있는 직원을 모두 고르면?

> 김팀장 : 리더는 혁신을 지향하고, 관리자는 현행 체계의 유지를 지향한다는 점에서 차이가 있어.
> 주대리 : 네, 그런 점에서 관리자는 리더보다 더 미래지향적이라고 볼 수 있습니다.
> 차주임 : 그래도 체제보다 사람을 더 중요시한다는 점에서 리더와 관리자가 공통점이 있네요.
> 박대리 : 리스크 대응 측면에서도 차이가 있습니다. 리더는 리스크를 예상하고 감수하는 반면, 관리자는 리스크를 회피하려는 특성이 있어요.

① 김팀장, 주대리
② 김팀장, 차주임
③ 주대리, 차주임
④ 주대리, 박대리

08 K사에 근무하는 귀하는 최근 매주 금요일 업무시간이 끝나고 한 번씩 진행해야 하는 바닥 청소 당번 문제를 두고 동료인 A사원과 갈등 중에 있다. 둘 중 한 명은 매주 바닥 청소를 해야 하는데, 금요일에 일찍 퇴근하기를 원하는 귀하와 A사원 모두 청소 당번에서 빠지고 싶어 하기 때문이다. 이러한 상황에서 갈등의 해결방법 중 하나인 '윈 – 윈(Win – Win) 관리법'으로 갈등을 해결하고자 할 때, 다음 중 A사원에게 제시할 수 있는 귀하의 제안으로 가장 적절한 것은?

① 우리 둘 다 청소 당번을 피할 수는 없으니, 그냥 공평하게 같이 하죠.
② 제가 그냥 A사원 몫까지 매주 청소를 맡아서 할게요.
③ 저와 A사원이 번갈아가면서 청소를 맡도록 하죠.
④ 우선 금요일 업무시간 전에 청소를 할 수 있는지 확인해 보도록 하죠.

09 다음 글에서 알 수 있는 J씨의 잘못된 고객응대 자세는 무엇인가?

> 직원 J씨는 규모가 큰 대형 마트에서 육류제품의 유통 업무를 담당하고 있다. 전화벨이 울리고 신속하게 인사와 함께 전화를 받았는데 전화는 채소류에 관련된 업무 문의로 직원 J씨는 고객에게 자신은 채소류에 관련된 담당자가 아니라고 설명하고, "지금 거신 전화는 육류에 관련된 부서로 연결되어 있습니다. 채소류 관련 부서로 전화를 연결해드릴 테니 잠시만 기다려 주십시오."라고 말하고 다른 부서로 전화를 돌렸다.

① 신속하게 전화를 받지 않았다.
② 기다려 주신 데 대한 인사를 하지 않았다.
③ 고객의 기다림에 대해 양해를 구하지 않았다.
④ 전화를 다른 부서로 돌려도 괜찮은지 묻지 않았다.

10 K통신회사에서 상담원으로 근무하는 A씨는 다음과 같은 문의 전화를 받게 되었다. 이때, A씨가 고객을 응대하는 방법으로 적절하지 않은 것은?

> A사원 : 안녕하세요. K통신입니다. 무엇을 도와드릴까요?
> 고객 : 인터넷이 갑자기 안 돼서 너무 답답해요. 좀 빨리 해결해 주세요. 지금 당장요!
> A사원 : 네, 고객님. 최대한 빠르게 처리해 드리겠습니다.
> 고객 : 확실해요? 언제 해결 가능하죠? 빨리 좀 부탁합니다.

① 현재 업무 절차에 대해 설명해 주면서 시원스럽게 업무 처리하는 모습을 보여준다.
② 고객이 문제해결에 대해 의심하지 않도록 확신감을 가지고 말한다.
③ "글쎄요.", "아마"와 같은 표현으로 고객이 흥분을 가라앉힐 때까지 시간을 번다.
④ 정중한 어조를 통해 고객의 흥분을 가라앉히도록 노력한다.

11 문제 해결을 위해서는 전체를 각각의 요소로 나누어 분석하는 분석적 사고가 필요하다. 지향하는 문제 유형에 따라 분석적 사고가 다르게 요구된다고 할 때, 다음 (가) ~ (다)에 들어갈 말이 바르게 연결된 것은?

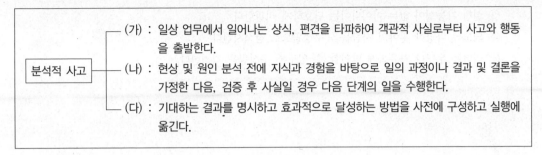

분석적 사고

(가) : 일상 업무에서 일어나는 상식, 편견을 타파하여 객관적 사실로부터 사고와 행동을 출발한다.

(나) : 현상 및 원인 분석 전에 지식과 경험을 바탕으로 일의 과정이나 결과 및 결론을 가정한 다음, 검증 후 사실일 경우 다음 단계의 일을 수행한다.

(다) : 기대하는 결과를 명시하고 효과적으로 달성하는 방법을 사전에 구성하고 실행에 옮긴다.

	(가)	(나)	(다)
①	사실 지향의 문제	가설 지향의 문제	성과 지향의 문제
②	사실 지향의 문제	성과 지향의 문제	가설 지향의 문제
③	성과 지향의 문제	가설 지향의 문제	사실 지향의 문제
④	성과 지향의 문제	사실 지향의 문제	가설 지향의 문제

12 다음 상황과 같은 논리적 오류가 나타난 사례는?

나는 지난 겨울방학에 이어 이번 여름방학에 알래스카를 다시 방문했는데, 흰 눈과 얼음으로 뒤덮여 있던 내 기억 속의 겨울 알래스카와 전혀 다른 모습이라 당황스러웠어.

① 소크라테스는 독배를 들고 죽은 사람이므로 그의 말은 믿을 것이 못된다.

② 요즘 청소년들의 사고가 많은 걸 보니 청소년들은 전부 문제가 많은 모양이야.

③ 천국이나 지옥이 없다는 것을 증명할 수 없으므로 천국이나 지옥의 존재를 인정해야 한다.

④ 철수는 거짓말을 하지 않는 사람이다. 왜냐하면 항상 진실만을 말하기 때문이다.

13 다음 중 브레인스토밍의 진행 방법으로 적절하지 않은 것은?

① 주제를 구체적이고 명확하게 정한다.

② 실현 가능성이 없는 아이디어는 단호하게 비판한다.

③ 되도록 다양한 분야의 사람들을 구성원으로 참석시킨다.

④ 리더는 누구나 자유롭게 발언할 수 있도록 구성원을 격려한다.

14 다음 중 문제해결을 위한 필수요소로 적절하지 않은 것은?

① 반복적인 교육훈련

② 문제해결방법에 대한 지식

③ 관련 지식에 대한 가용성

④ 도전의식과 끈기

15 한 초등학교의 어떤 반에서는 학생 4명(가 ~ 라)의 자리를 4개의 분단에 나누어 배정한다. 다음 〈조건〉을 참고할 때, 반드시 참인 것은?

───────〈조건〉───────
- 하나의 분단에는 한 명의 학생이 앉는다.
- 이전에 앉았던 분단에는 다시 앉지 않는다.
- 가는 1분단과 3분단에 앉은 적이 있다.
- 나는 2분단과 3분단에 앉은 적이 있다.
- 다는 2분단과 4분단에 앉은 적이 있다.
- 라는 1분단에 배정되었다.

① 가는 4분단에 배정된다.

② 다가 배정될 분단을 확실히 알 수 없다.

③ 나가 배정될 분단을 확실히 알 수 없다.

④ 가는 2분단에 앉을 것이다.

16 다음 중 정보의 가공 및 활용에 대한 설명으로 옳지 않은 것은?

① 정보는 원형태 그대로 혹은 가공하여 활용할 수 있다.

② 수집된 정보를 가공하여 다른 형태로 재표현하는 방법도 가능하다.

③ 정적정보의 경우, 이용한 이후에도 장래활용을 위해 정리하여 보존한다.

④ 비디오테이프에 저장된 영상정보는 동적정보에 해당한다.

17 다음은 회사 게시판을 관리하는 A사원과 B사원의 대화이다. 빈칸에 들어갈 내용으로 적절하지 않은 것은?

> A사원 : 요즘 회사 게시판을 이용하면서 네티켓을 지키지 않는 사람들이 많은 것 같아.
> B사원 : 맞아. 게시판에 올린 글은 많은 사람들이 보고 있다는 것을 인식하면 좋을 텐데.
> A사원 : 회사 게시판 사용 네티켓을 안내하는 것은 어떨까?
> B사원 : 좋은 생각이야. 게시판 사용 네티켓으로는 '_____'는 내용이 포함되어야 해.

① 글의 내용은 길게 작성하기보다 간결하게 요점만 작성한다.

② 게시판의 주제와 관련 없는 내용은 올리지 않는다.

③ 글을 쓰기 전에 이미 같은 내용의 글이 없는지 확인한다.

④ 글의 제목에는 함축된 단어를 가급적 사용하지 않는다.

18 다음은 4차 산업혁명에 관한 글이다. 빈칸 ㉠, ㉡에 들어갈 단어를 차례대로 바르게 나열한 것은?

> 4차 산업혁명이란 사물인터넷, 인공지능, 빅데이터, 블록체인 등 정보통신기술의 ___㉠___ 으로 새로운 서비스와 산업이 창출되는 차세대 혁명이다. 이 용어는 2016년 ___㉡___ 에서 클라우스 슈밥 회장이 처음 사용하면서 이슈화됐다. 경제 산업 전반에 정보화, 자동화를 통한 생산성 증대뿐 아니라 자율주행차, 무인점포 등 일상생활에 획기적 변화를 가져다주고 있다. 예를 들면 미래 사회에는 사물과 인간, 사물과 사물 간이 자유자재로 연결되고 정보를 공유하며, 인공지능의 발달로 우리의 실생활 곳곳에 인공지능 로봇이 자리를 잡으면서 산업분야의 경계가 허물어질 수 있다.

	㉠	㉡
①	융합	IMD
②	복합	WEF
③	집합	IMD
④	융합	WEF

19 다음 중 공장 자동화(FA; Factory Automation)에 대한 설명으로 옳은 것은?

① 강의나 학습 등에 컴퓨터를 이용하는 것이다.

② 제어 시스템이나 생산 관리 등은 해당하지 않는다.

③ 각종 정보 기기와 컴퓨터 시스템이 유기적으로 연결된 구조이다.

④ 기계가 하던 자동화 시스템을 사람으로 대체해 가는 것이 목표이다.

20 다음 중 대규모로 저장된 데이터 안에서 체계적이고 자동적으로 통계적 규칙이나 패턴을 찾아내는 것을 의미하는 용어는?

① 데이터 마이닝

② 웹 마이닝

③ 오피니언 마이닝

④ 소셜 마이닝

21 다음 중 벤치마킹(Benchmarking)에 대한 설명으로 가장 적절한 것은?

① 외부로부터 기술만 받아들이는 것이다.

② 뛰어난 기술 등을 비합법적으로 응용하는 것이다.

③ 모방과 달리 받아들인 것들을 환경에 맞추어 재창조한다.

④ 직접적 벤치마킹은 인터넷 등에서 자료를 모아 수행하는 것을 말한다.

※ 다음은 마이클 포터(Michael E. Porter)의 본원적 경쟁전략과 관련된 사례들이다. 이어지는 질문에 답하시오. **[22~24]**

〈본원적 경쟁우위 전략〉

마이클 포터가 산업 내에서 효과적으로 경쟁할 수 있는 일반적인 형태의 전략을 제시하였다.

구분	저원가	차별화
광범위한 시장	비용우위 전략	차별화 전략
좁은 시장	집중화 전략	

〈사례 1〉

나이키는 자체 생산 공장이 없어 각국의 협력사에서 OEM방식으로 생산하고 공급하는 대신, 과학적인 제품 개발과 디자인, 제품광고에 막대한 돈을 투자하고 있다. 상품디자인, 그래픽, 환경디자인, 영화 및 비디오 사업팀 등으로 세분화하고 특색을 가미한 디자인을 추구하며, 광고도 농구화의 마이클 조던, 골프용품의 타이거 우즈 등 스타 마케팅을 주로 한다.

〈사례 2〉

포트 하워드 페이퍼(Fort Howard Paper)는 광고경쟁이나 계속적인 신제품 공급으로 타격을 받기 쉬운 일반용품을 파는 대신, 몇 종류의 한정된 산업용지 생산에만 노력을 기울였으며, 포터 포인트(Porter Point)는 손수 집을 칠하는 아마추어용 페인트 대신 직업적인 페인트 공을 대상으로 한 페인트나 서비스를 제공하는 데 주력했다. 서비스 형태는 적합한 페인트 선택을 위한 전문적 조언이나 아무리 적은 양이라도 작업장까지 배달해주는 일, 또는 직접 판매장에서 접대실을 갖추어 커피를 무료로 대접하는 일 등이 있다.

〈사례 3〉

토요타는 재고로 쌓이는 부품량을 최소화하기 위해 1990년대 초 'JIT'라는 혁신적인 생산시스템을 도입했다. 그 결과 부품을 필요한 시기에 필요한 수량만큼 공급받아 재고비용을 대폭 줄일 수 있었다. 하지만 일본 대지진으로 위기를 겪고 이 시스템을 모든 공장에 적용하기에는 무리가 있다고 판단하여 기존 강점이라고 믿던 JIT 시스템을 개혁하여 재고를 필요에 따라 유동적으로 조절하는 방식을 채택했다. 그 결과 부품공급사슬과 관련한 정보습득 능력이 높은 수준으로 개선되어 빈번한 자연재해에도 공장의 가동에 전혀 지장을 주지 않았고, 빠른 대응이 가능하게 되었다.

22 다음 중 사례 1에서 추구하는 전략에 대한 설명으로 옳지 않은 것은?

① 제품적 차별화와 광고의 차별화를 통해 브랜드 자산을 구축하고 있다.

② 좁은 시장에서 경쟁우위 요소를 차별화로 두는 전략이다.

③ 구매자 세분시장에 대한 인식을 제대로 하지 못한다면 위험요소가 될 수 있다.

④ 높은 가격에도 불구하고 구입을 유도하는 독특한 요인으로 인해 경쟁우위를 확보한다.

23 다음 중 사례 2에서 알 수 있는 내용으로 가장 거리가 먼 것은?

① 특정 목표에 대해 차별화될 수 있는 결과를 얻거나 낮은 원가를 실현할 수 있다.

② 특정 지역에 집중적으로 자원을 투입하면 그 지역에 적합한 제품이나 서비스를 제공함으로써 차별화할 수 있다.

③ 특정 시장을 공략할 경우, 세분화된 시장을 잘못 선택하면 수익성이 크게 떨어져 의도와는 다른 결과가 나타날 수도 있다.

④ 대체품과의 경쟁가능성이 희박한 부문이나 경쟁기업들의 가장 취약한 부문을 선택해서 집중적인 노력을 기울여 그 산업 내에서 평균 이상의 수익을 달성할 잠재력을 지닐 수 있다.

24 다음 〈보기〉 중 사례 3과 관련이 깊은 내용을 모두 고르면?

〈보기〉
㉠ A전자 회사는 자동화 및 전문화를 통해 제품의 생산 원가를 하락시켰다.
㉡ B자동차 회사는 승용차 부문은 포기하고 상용차 부문만 집중적으로 공략하고 있다.
㉢ C전자 회사는 저가 전략뿐만 아니라 공격적인 투자를 통해 기술적인 차별화 전략을 함께 병행하고 있다.
㉣ 하르니쉬페거는 부품의 규격화와 여러 가지 형태 변화, 원자재 투입량의 감소 등을 통해 제작과 조작이 용이하게 크레인 설계를 변형했다.

① ㉠, ㉡   ② ㉠, ㉣
③ ㉢, ㉣   ④ ㉡, ㉢, ㉣

25 다음 중 조직체제 구성요소에 대한 설명으로 적절하지 않은 것은?

① 조직목표는 조직이 존재하는 정당성과 합법성을 제공한다.

② 조직문화는 조직구성원들에게 일체감과 정체성을 부여한다.

③ 업무 프로세스는 구성원 간의 업무 흐름의 연결을 보여준다.

④ 조직구조 중 유기적 조직은 업무가 고정적이며 구성원들의 업무나 권한이 분명하게 정의되고 통제된 조직구조이다.

제3회
코레일네트웍스

NCS 직업기초능력

〈문항 및 시험시간〉

영역	문항 수	시험시간	모바일 OMR 답안채점 / 성적분석 서비스
의사소통능력＋대인관계능력＋문제해결능력＋정보능력＋조직이해능력	25문항	30분	

제3회 최종모의고사

문항 수 : 25문항
시험시간 : 30분

01 다음 중 외국인과의 의사소통에서 비언어적 의사소통에 대한 설명으로 옳지 않은 것은?

① 눈을 마주치지 않는 것은 무관심을 의미한다.

② 어조가 높은 것은 적대감이나 대립감을 나타낸다.

③ 목소리가 커지면 내용을 강조하는 것일 수도 있다.

④ 말을 자주 중지할수록 신중하게 생각하는 것이다.

02 다음 중 경청훈련을 위한 방법으로 옳지 않은 것은?

① 바라보고 듣고 따라하는 등 주의를 기울인다.

② 상대방의 경험을 인정하고 더 많은 정보를 요청한다.

③ 정확성을 위해 상대방의 이야기를 요약한다.

④ '왜?'라는 질문을 하려고 노력한다.

03 다음 〈보기〉 중 바람직한 의사소통에 영향을 미치는 요인에 대한 설명으로 옳지 않은 것을 모두 고르면?

─────〈보기〉─────
ㄱ. 의사소통 과정에서 대화의 폭을 넓혀주므로 정보의 양은 많을수록 좋다.
ㄴ. 지나치게 과업에 집중한 대화는 원활한 의사소통을 저해할 수 있다.
ㄷ. 상호 신뢰가 부족한 경우, 업무상 의사소통이라도 효율성이 낮을 수 있다.
ㄹ. 실시간으로 의사교환이 필요한 안건의 경우, 전화보다는 메일을 이용하는 것이 적절하다.

① ㄱ, ㄴ ② ㄱ, ㄹ
③ ㄴ, ㄷ ④ ㄴ, ㄹ

04 다음 중 비즈니스 메모에 대하여 옳지 않은 설명을 한 직원을 모두 고르면?

> 최과장 : 요즘은 휴대전화가 발달해서 전화 메모가 많이 늘었네.
> 김대리 : 회의 메모는 회의에 참석하지 못한 인원에게 전달 사항이나 회의 내용을 알려주기 위해 적기도 하고,
> 　　　　회의를 기록해두기 위해 적기도 해요.
> 이주임 : 업무 메모는 본인의 추진 업무에 대한 것만을 가리켜요.
> 강주임 : 회의 메모가 있으면 월말이나 연말에 업무 상황을 파악하거나 궁금증을 해결할 때 요긴해.

① 최과장, 김대리　　　　　　　　　　② 최과장, 이주임
③ 김대리, 이주임　　　　　　　　　　④ 김대리, 강주임

05 다음은 인상적인 의사소통에 대한 설명이다. 이에 부합하지 못하는 사람은 누구인가?

> 인상적인 의사소통이란 상대방에게 같은 내용을 전달하더라도 내가 전달할 때 더 내용이 인상적으로 전달할
> 수 있도록 하는 것으로, 이야기를 새롭게 부각시켜 상대방으로 하여금 '과연'이라며 감탄할 수 있도록 만드는
> 것이다.

① 자신의 의견을 전달할 때 표정·몸짓 등의 신체언어를 같이 사용하는 A
② 자신의 의견에 다양한 표현법을 덧붙여 표현하는 B
③ 자신의 의견을 전달할 때 사상이나 감정에 관하여 말하는 C
④ 일반적으로 사용하는 표현법을 다른 새로운 표현법으로 바꾸어 전달하는 D

06 다음 자료는 갈등해결을 위한 6단계 프로세스이다. 3단계에 해당하는 대화의 예로 가장 적절한 것은?

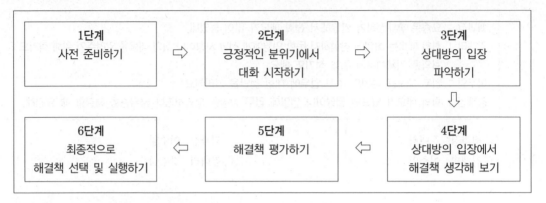

① 그럼 A씨의 생각대로 진행해 보시죠.
② 제 생각은 이런데, A씨의 생각은 어떠신지 말씀해 주시겠어요?
③ 저도 좋아요. 그것으로 결정해요.
④ 저는 모두가 만족하는 해결책을 찾고 싶어요.

07 다음 중 조직 내 갈등에 대한 설명으로 적절하지 않은 것은?
① 조직 내 갈등은 타협을 통해서도 제거할 수 있다.
② 갈등은 순기능이 될 수 없으므로, 갈등이 없는 상태가 가장 이상적이다.
③ 갈등상황을 형성하는 구성요소로서는 조직의 목표, 구성원의 특성, 조직의 규모, 분화, 의사전달, 권력구조, 의사결정 참여의 정도, 보상제도 등이 있다.
④ 회피는 갈등을 일으킬 수 있는 의사결정을 보류하거나 갈등상황에 처한 당사자들이 접촉을 피하도록 하는 것이나 갈등행동을 억압하는 것이다.

08 다음 〈보기〉 중 올바른 갈등해결방법을 모두 고르면?

─〈보기〉─
　㉠ 사람들이 당황하는 모습을 보는 것은 되도록 피한다.
　㉡ 사람들과 눈을 자주 마주친다.
　㉢ 어려운 문제는 피하지 말고 맞선다.
　㉣ 논쟁을 통해 해결한다.
　㉤ 어느 한쪽으로 치우치지 않는다.

① ㉠, ㉡, ㉣　　　　　　　　② ㉠, ㉢, ㉤
③ ㉡, ㉢, ㉣　　　　　　　　④ ㉡, ㉢, ㉤

09 어느 날 A사원은 상사인 B부장에게서 업무와는 관련이 없는 심부름을 부탁받았다. B부장이 부탁한 물건을 사기 위해 A사원은 가게를 몇 군데나 돌아다녀야 했다. 회사에서 한참이나 떨어진 가게에서 비로소 물건을 발견했지만, B부장이 말했던 가격보다 훨씬 비싸서 B부장이 준 돈 이외에도 자신의 돈을 보태서 물건을 사야 할 상황이다. 귀하가 A사원이라면 어떻게 할 것인가?

① B부장에게 불만을 토로하며 다시는 잔심부름을 시키지 않을 것임을 약속하도록 한다.
② B부장의 책상 위에 영수증과 물건을 덩그러니 놓아둔다.
③ 있었던 일을 사실대로 말하고, 자신이 보탠 만큼의 돈을 다시 받도록 한다.
④ 물건을 사지 말고 그대로 돌아와 B부장에게 물건이 없었다고 거짓말한다.

10 K기업 영업부에 근무하는 A사원은 제품에 대한 불만이 있는 고객의 전화를 받았다. 제품에 문제가 있어 담당부서에 고장수리를 요청했으나 연락이 없어 고객이 화가 많이 난 상태였다. 이때 직원으로서 가장 적절한 응대는?

① 고객에게 사과하여 고객의 마음을 진정시키고 상사에게 전화를 연결한다.
② 고객의 불만을 들어준 후, 고객에게 제품수리에 대해 담당부서로 다시 전화할 것을 권한다.
③ 화를 가라앉히시라고 말하고 그렇지 않으면 전화응대를 하지 않겠다고 한다.
④ 회사를 대표해서 미안하다는 사과를 하고, 고객의 불만을 메모한 후 담당부서에 먼저 연락하여 해결해 줄 것을 의뢰한다.

11 다음 중 3C 분석에서의 '3C'에 포함되지 않는 것은?

① 자사(Company)　　　　　　　　　② 경쟁사(Competitor)

③ 고객(Customer)　　　　　　　　　④ 비용(Cost)

12 다음 중 문제해결안 개발방법에 대한 설명으로 옳지 않은 것은?

① 해결안을 도출할 때는 같은 해결안을 그루핑(Grouping)하는 과정을 통해 해결안을 정리해야 한다.

② 해결안 개발은 해결안 도출, 해결안 평가 및 최적안 선정의 절차로 진행된다.

③ 해결안 선정은 중요도만을 고려해서 평가를 내린다.

④ 해결안 개발은 문제로부터 도출된 근본원인을 효과적으로 해결할 수 있는 최적의 해결방안을 수립하는 단계이다.

13 이사원은 시설관리팀 행정원이다. 어느 날 각종 안전 관련 매뉴얼을 살펴보던 중 해당 매뉴얼들의 업데이트 필요성을 인식하게 되었다. 이사원은 팀장에게 이에 대해 보고하고 얼마 후 업데이트한 매뉴얼을 팀장에게 전달했다. 팀장은 매뉴얼을 본 후 다른 내용은 괜찮지만 실현가능성이 제대로 고려되지 않은 것 같다고 하였다. 다음 이사원이 고려해야 할 항목 중 가능성이 가장 낮은 항목은?

① 개발기간　　　　　　　　　　　　② 적용가능성

③ 개발능력　　　　　　　　　　　　④ 고객만족도

14 다음 글에서 설명하는 문제 유형은 무엇인가?

> 지금까지 해오던 것과 전혀 관계없이 새로운 과제 또는 목표를 설정함에 따라 발생하는 문제로, 문제 해결에 많은 창조적인 노력이 요구된다.

① 발생형 문제　　　　　　　　② 설정형 문제
③ 잠재형 문제　　　　　　　　④ 탐색형 문제

15 다음 〈보기〉 중 문제해결절차에 따라 사용되는 문제해결방법을 순서대로 바르게 나열한 것은?

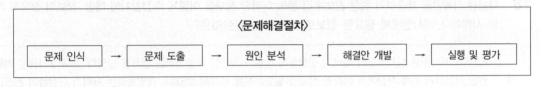

─〈보기〉─
㉠ 주요 과제를 나무 모양으로 분해·정리한다.
㉡ 자사, 경쟁사, 고객사에 대해 체계적으로 분석한다.
㉢ 부분을 대상으로 먼저 실행한 후 전체로 확대하여 실행한다.
㉣ 전체적 관점에서 방향과 방법이 같은 해결안을 그룹화한다.

① ㉠-㉡-㉢-㉣　　　　　　② ㉠-㉡-㉣-㉢
③ ㉡-㉠-㉢-㉣　　　　　　④ ㉡-㉠-㉣-㉢

16 다음 중 빈칸에 공통으로 들어갈 용어로 옳은 것은?

> _____은/는 '언제 어디에나 존재한다.'는 뜻의 라틴어로, 사용자가 컴퓨터나 네트워크를 의식하지 않고 장소에 상관없이 자유롭게 네트워크에 접속할 수 있는 환경을 말한다. 그리고 컴퓨터 관련 기술이 생활 구석구석에 스며들어 있음을 뜻하는 '퍼베이시브 컴퓨팅(Pervasive Computing)'과 같은 개념이다.
> _____화가 이루어지면 가정·자동차는 물론, 심지어 산 꼭대기에서도 정보기술을 활용할 수 있고, 네트워크에 연결되는 컴퓨터 사용자의 수도 늘어나 정보기술산업의 규모와 범위도 그만큼 커지게 된다. 그러나 _____ 네트워크가 이루어지기 위해서는 광대역통신과 컨버전스 기술의 일반화, 정보기술 기기의 저가격화 등 정보기술의 고도화가 전제되어야 한다. 그러나 _____은/는 휴대성과 편의성뿐 아니라 시간과 장소에 구애받지 않고도 네트워크에 접속할 수 있는 장점 때문에 현재 세계적인 개발 경쟁이 일고 있다.

① 유비쿼터스(Ubiquitous)　　　② AI(Artificial Intelligence)
③ 딥 러닝(Deep Learning)　　　④ 블록체인(Block Chain)

17 다음 중 정보의 효과적인 사용 절차가 바르게 나열된 것은?

① 기획 → 관리 → 수집 → 활용　　② 수집 → 관리 → 기획 → 활용

③ 기획 → 수집 → 관리 → 활용　　④ 수집 → 기획 → 관리 → 활용

18 다음은 기획안을 제출하기 위한 정보수집 전에 어떠한 정보를 어떻게 수집할지에 대한 '정보의 전략적 기획'의 사례이다. S사원에게 필요한 정보로 적절하지 않은 것은?

> K전자의 S사원은 상사로부터 세탁기 신상품에 대한 기획안을 제출하라는 업무를 받았다. 먼저 S사원은 기획안을 작성하기 위해 자신에게 어떠한 정보가 필요한지를 생각해 보았다. 개발하려는 세탁기 신상품의 컨셉은 중년층을 대상으로 한 실용적이고 경제적이며 조작하기 쉬운 것을 대표적인 특징으로 삼고 있다.

① 기존에 세탁기를 구매한 고객들의 데이터베이스로부터 정보가 필요할 수 있겠어.

② 현재 세탁기를 사용하면서 불편한 점은 무엇인지에 대한 정보가 필요하겠네.

③ 데이터베이스로부터 성별로 세탁기 선호 디자인에 대한 정보가 필요해.

④ 고객들의 세탁기에 대한 부담 가능한 금액은 얼마인지에 대한 정보도 필요할 것 같아.

19 다음 글을 읽고 정보관리의 3원칙을 모두 고르면?

> '구슬이 서말이라도 꿰어야 보배'라는 속담처럼, 여러 가지 채널과 갖은 노력 끝에 입수한 정보가 우리가 필요한 시점에 즉시 활용되기 위해서는 모든 정보가 차곡차곡 정리되어 있어야 한다. 이처럼 정보의 관리란 수집된 다양한 형태의 정보를 어떤 문제해결이나 결론도출에 사용하기 쉬운 형태로 바꾸는 일이다. 정보를 관리할 때에는 특히 정보에 대한 사용목표가 명확해야 하며, 정보를 쉽게 작업할 수 있어야 하고, 또한 즉시 사용할 수 있어야 한다.

① 목적성, 용이성, 유용성　　② 다양성, 용이성, 통일성

③ 용이성, 통일성, 다양성　　④ 통일성, 목적성, 유용성

20 다음 글을 바탕으로 2차 자료에 해당되는 것은?

> 우리는 흔히 필요한 정보를 수집할 수 있는 원천을 정보원(Sources)이라 부른다. 정보원은 정보를 수집하는 사람의 입장에서 볼 때 공개된 것은 물론이고 비공개된 것도 포함되며 수집자의 주위에 있는 유형의 객체 가운데서 발생시키는 모든 것이 정보원이라 할 수 있다.
>
> 이러한 정보원은 크게 1차 자료와 2차 자료로 구분할 수 있다. 1차 자료는 원래의 연구성과가 기록된 자료를 의미한다. 2차 자료는 1차 자료를 효과적으로 찾아보기 위한 자료 혹은 1차 자료에 포함되어 있는 정보를 압축·정리해서 읽기 쉬운 형태로 제공하는 자료를 의미한다.

① 학술회의자료   ② 백과사전
③ 출판 전 배포자료   ④ 학위논문

21 다음 상황에서 팀장의 지시를 적절히 수행하기 위하여 오대리가 거쳐야 할 부서명을 순서대로 바르게 나열한 것은?

> 오대리, 내가 내일 출장 준비 때문에 무척 바빠서 그러는데 자네가 좀 도와줘야 할 것 같군. 우선 박비서한테 가서 사장님의 오후 회의 자료를 좀 가져다 주게나. 오는 길에 지난주 기자단 간담회 자료 정리가 되었는지 확인해 보고 완료됐으면 한 부 챙겨 오고. 다음 주에 승진자 발표가 있을 것 같은데 우리 팀 승진 대상자 서류가 잘 전달되었는지 그것도 확인 좀 해 줘야겠어. 참, 오후에 바이어가 내방하기로 되어 있는데 공항 픽업 준비는 잘 해 두었지? 배차 예약 상황도 다시 한 번 점검해 봐야 할 거야. 그럼 수고 좀 해 주게.

① 기획팀 – 홍보팀 – 총무팀 – 경영관리팀
② 비서실 – 홍보팀 – 인사팀 – 총무팀
③ 인사팀 – 법무팀 – 총무팀 – 기획팀
④ 경영관리팀 – 법무팀 – 총무팀 – 인사팀

22 다음 기사를 읽고 필리핀 EPS 센터에 근무 중인 K대리가 취할 행동으로 적절하지 않은 것은?

> 최근 필리핀에서 한국인을 노린 범죄행위가 기승을 부리고 있다. 외교부 보고에 따르면 최근 5년간 해외에서 우리 국민을 대상으로 벌어진 살인 사건이 가장 많이 발생한 국가가 필리핀인 것으로 나타났다. 따라서 우리나라는 자국민 보호를 위해 한국인 대상 범죄 수사를 지원하는 필리핀 코리안 데스크에 직원을 추가 파견하기로 했다.

① 저녁에 이루어지고 있는 필리핀 문화 교육 시간을 오전으로 당겨야겠군.

② 우리 국민이 늦은 시간에 혼자 다니지 않도록 해야겠어.

③ 주필리핀 한국대사관과 연결하여 자국민 보호 정책을 만들 수 있도록 요청해야겠어.

④ 우리나라에 취업하기 위해 들어오는 필리핀 사람들에 대한 규제를 강화해야겠어.

23 다음 중 개인화 마케팅의 사례로 적절하지 않은 것은?

> 소비자들의 요구가 점차 다양해지고 복잡해짐에 따라 개인별로 맞춤형 제품과 서비스를 제공하며 '개인화 마케팅'을 펼치는 기업이 늘어나고 있다. 개인화 마케팅이란 각 소비자의 이름, 관심사, 구매이력 등의 데이터를 기반으로 특정 고객에 대한 개인화 서비스를 제공하는 활동을 의미한다. 이는 개별적 커뮤니케이션 실현을 통한 효율성 증대 및 기업 이윤 창출을 목적으로 하고 있다.
> 이러한 개인화 마케팅은 기업들의 지속적인 투자를 통해 다양한 방식으로 계속되고 있다. 빠르게 변화하고 있는 마케팅 시장에서 개인화된 서비스 제공을 통해 소비자 만족도를 끌어낼 수 있다는 점은 충분히 매력적일 수 있기 때문이다.

① 고객들의 사연을 받아 지하철역 에스컬레이터 벽면에 광고판을 만든 A배달업체는 고객들로 하여금 자신의 사연이 뽑히지 않았는지 관심을 갖도록 유도하여 광고 효과를 톡톡히 보고 있다.

② 최근 B전시관은 시각적인 시원한 민트색 벽지와 그에 어울리는 시원한 음향, 상쾌한 민트 향기, 민트맛 사탕을 나눠주며 민트에 대한 다섯 가지 감각을 이용한 미술관 전시로 화제가 되었다.

③ C위생용품회사는 자사의 인기 상품에 대한 단종으로 사과의 뜻을 담은 뮤직비디오를 제작했다. 고객들은 뮤직비디오를 보기 전에 자신의 이름을 입력하면, 뮤직비디오에 자신의 이름이 노출되어 자신이 직접 사과를 받는 듯한 효과를 느낄 수 있다.

④ 참치캔을 생산하는 D사는 최근 소외계층에게 힘이 되는 응원 메시지를 댓글로 받아 77명을 추첨하여 댓글 작성자의 이름으로 소외계층들에게 참치캔을 전달하는 이벤트를 진행하였다.

24 K부서의 A부장은 직원들의 업무 효율성이 많이 떨어졌다는 생각이 들어 각자의 의견을 들어 보고자 회의를 열었다. 회의에서 나온 다음 의견 중 적절하지 않은 것은?

① B대리 : 요즘 업무 외적인 통화에 시간을 낭비하는 경우가 많은 것 같습니다. 확실한 목표업무량을 세우고 목표량 달성 후 퇴근을 하는 시스템을 운영하면 개인 활동으로 낭비되는 시간이 줄어 생산성이 높아지지 않을까요?

② C주임 : 여유로운 일정이 주원인이라고 생각합니다. 1인당 최대 작업량을 잡아 업무를 진행하면 업무 효율성이 극대화될 것입니다.

③ D대리 : 계획을 짜면 업무를 체계적으로 진행할 수 있다는 의미에서 C주임의 말에 동의하지만, 갑자기 발생할 수 있는 일에 대해 대비해야 한다고 생각합니다. 어느 정도 여유 있게 계획을 짜는 게 좋지 않을까요?

④ E사원 : 목표량 설정 이외에도 업무 진행과정에서 체크리스트를 사용해 기록하고 전체적인 상황을 파악할 수 있게 하면 효율이 높아질 것입니다.

25 다음 중 주혜정이 가장 마지막에 처리할 업무는 무엇인가?

> Henry Thomas의 부하직원 주혜정은 Mr. Thomas와 국내 방송사 기자와의 인터뷰 일정을 최종 점검 중이다. 다음은 기자와의 통화 내용이다.
>
> 주혜정 : 공진호 기자님, 안녕하세요. 저는 Sun Capital의 주혜정입니다. Mr. Thomas와의 인터뷰 일정 확인 차 연락드립니다. 지금 통화 가능하세요?
>
> 공진호 : 네, 말씀하세요.
>
> 주혜정 : 인터뷰 예정일이 7월 17일 오후 2시인데 변동사항이 있나 확인하고자 합니다.
>
> 공진호 : 네, 예정된 일정대로 진행 가능합니다. Sun Capital의 회의실에서 하기로 했죠?
>
> 주혜정 : 맞습니다. 인터뷰 준비 관련해서 저희 측에서 더 준비해야 하는 사항이 있나요?
>
> 공진호 : 카메라 기자와 함께 가니 회의실 공간이 좀 넓어야 하겠고, 회의실 배경이 좀 깔끔해야 할 텐데 준비가 가능할까요?

① 총무팀에 연락하여 인터뷰 당일 회의실 예약을 미리 해 놓는다.

② 기자에게 인터뷰의 방영 일자를 확인하여 인터뷰 영상 내용을 자료로 보관하도록 한다.

③ 인터뷰 당일 Mr. Thomas의 점심 식사 약속은 될 수 있는 대로 피하도록 한다.

④ 인터뷰 진행 시 통역이 필요한지 아닌지 확인하고, 질문지를 사전에 받아 Mr. Thomas에게 전달한다.

제4회
코레일네트웍스

NCS 직업기초능력

〈문항 및 시험시간〉

영역	문항 수	시험시간	모바일 OMR 답안채점 / 성적분석 서비스
의사소통능력＋대인관계능력＋문제해결능 력＋정보능력＋조직이해능력	25문항	30분	

제4회 최종모의고사

문항 수 : 25문항
시험시간 : 30분

01 다음 중 공문서 작성법에 대한 설명으로 옳지 않은 것은?

① 주로 구어체로 작성한다.
② 연도와 월일을 함께 기입한다.
③ 목적이 드러나도록 작성한다.
④ 마지막에 끝자로 마무리한다.

02 다음과 같은 상황에서 A의 의사소통을 저해하는 요소로 가장 적절한 것은?

〈상황〉

A : B씨, 회의 자료 인쇄했어요?
B : 네? 말씀 안 하셔서 몰랐어요.
A : 아니, 사람이 이렇게 센스가 없어서야. 그런 건 알아서 해야지.

① 의사소통 기법의 미숙
② 평가적이며 판단적인 태도
③ 감정의 억제 부족
④ 선입견과 고정관념

03 P사원의 상사가 P사원에게 다음과 같이 문서를 작성해 제출할 것을 요청하였을 때, P사원이 작성해야 할 문서의 종류는 무엇인가?

> 이번 문서를 토대로 P사원의 업무 결과가 평가되므로 이 점 유의하여 작성해 주시길 바랍니다. 최대한 핵심적인 내용으로 간결하게 작성하시고, 복잡한 내용은 도표나 그림을 활용하는 것이 좋겠죠? 그리고 참고한 자료가 있다면 모두 함께 제시해 주어야 합니다. 최종적으로 부장님께 제출하기 전에 제가 확인을 할 예정이지만, P사원도 제출하기 전에 잘못 작성된 부분은 없는지 등의 점검을 해 주시기 바랍니다.

① 보도자료 　　　　　　　　　② 설명서
③ 보고서 　　　　　　　　　　④ 제안서

04 다음 중 빈칸 ㉠~㉢에 들어갈 말이 바르게 연결된 것은?

> 우리는 어린 시절부터 국어를 배울 때 장단 의식을 별로 염두에 두지 않았는데, 사실은 글자로 표기하면 똑같은 말이라도 그 말의 모음을 길게 발음하느냐 짧게 발음하느냐에 따라 ＿㉠＿가 바뀌기 때문에 정확한 분별 의식을 가져야 한다. 가령 같은 '말'이지만 짧게 발음하면 ＿㉡＿이 되고, 길게 발음하면 ＿㉢＿이 되니 주의 해야 한다.

	㉠	㉡	㉢
①	의미	말[馬]	말[語]
②	의미	말[語]	말[馬]
③	범위	말[馬]	말[語]
④	범위	말[語]	말[馬]

05 직장생활에서 필요한 의사소통능력을 문서적인 의사소통능력으로서의 문서이해능력과 문서작성능력, 언어적인 의사소통능력으로서의 경청능력, 의사표현력으로 구분할 수 있다. 다음 사례에 필요한 의사소통능력을 종류에 따라 바르게 구분한 것은?

> 출판사에 근무하는 K대리는 오늘 아침 출근하자마자 오늘의 주요 업무를 다음과 같이 정리하였다.
>
> 〈주요 업무〉
> ㉠ 입사 지원 이력서 메일 확인
> ㉡ 팀 회의 – 팀원 담당 업무 지시
> ㉢ 금일 출간 도서 발주서 작성
> ㉣ 유선 연락을 통한 채용 면접 일정 안내
> ㉤ 퇴근 전 업무 일지 작성

	문서적인 의사소통	언어적인 의사소통
①	㉠, ㉤	㉡, ㉢, ㉣
②	㉠, ㉢, ㉣	㉡, ㉤
③	㉠, ㉢, ㉤	㉡, ㉣
④	㉡, ㉢, ㉤	㉠, ㉣

06 K공사에 근무하는 A씨는 고객만족 조사계획을 준비 중에 있다. 이를 위해 같은 부서인 B대리가 A씨에게 고객만족 조사계획과 관련하여 다음과 같이 조언하였을 때, B대리의 조언으로 옳지 않은 것은?

① 조사 분야와 대상을 명확히 설정해야 합니다.
② 조사목적에 맞게 구체적인 활용 계획을 작성해 보세요.
③ 조사방법으로는 설문조사와 심층면접법이 주로 활용돼요.
④ 조사할 때 연속조사보다는 1회 조사를 권장해요.

※ 귀하는 K기관의 상담사이며, 현재 불만고객 응대 프로세스에 따라 불만고객을 응대하는 중이다. 다음 대화를 읽고 이어지는 질문에 답하시오. [7~8]

상담사 : 안녕하십니까. K기관 상담사 □□□입니다.
고객　 : 학자금 대출 이자 납입건으로 문의할 게 있어서요.
상담사 : 네, 고객님 어떤 내용이신 지 말씀해 주시면 제가 도움을 드리겠습니다.
고객　 : 제가 K기관으로부터 대출을 받고 있는데 아무래도 대출 이자가 잘못 나간 것 같아서요. 안 그래도 바쁘고 시간도 없는데 이것 때문에 비 오는 날 우산도 없이 은행에 왔다 갔다 했네요. 도대체 일을 어떻게 처리하는 건지…
상담사 : 아 그러셨군요, 고객님. 먼저 본인확인 부탁드립니다. 성함과 전화번호를 말씀해 주세요.
고객　 : 네, △△△이구요, 전화번호는 000-0000-0000입니다.
상담사 : 확인해 주셔서 감사합니다. ＿＿＿＿＿＿ ㉠ ＿＿＿＿＿＿

07 다음 중 윗글에서 언급된 고객은 어떤 유형의 불만고객에 해당하는가?

① 거만형　　　　　　　　　　② 의심형
③ 트집형　　　　　　　　　　④ 빨리빨리형

08 다음 중 윗글에서 상담사의 마지막 발언 직후 ㉠에 들어갈 내용으로 적절한 것을 〈보기〉에서 모두 고르면?

〈보기〉
㉮ 어떤 해결 방안을 제시해주는 것이 좋은지 고객에게 의견을 묻는다.
㉯ 고객 불만 사례를 동료에게 전달하겠다고 한다.
㉰ 고객이 불만을 느낀 상황에 대한 빠른 해결을 약속한다.
㉱ 대출내역을 검토한 후 어떤 부분에 문제가 있었는지 확인하고 답변해준다.

① ㉮, ㉯　　　　　　　　　　② ㉮, ㉰
③ ㉯, ㉰　　　　　　　　　　④ ㉰, ㉱

09 K공사에서 근무하는 C사원에게 같은 팀 E사원이 제시된 자료를 보여주면서 보완할 것이 없는지 검토해달라고 부탁했다. 다음 중 C사원이 E사원에게 조언해줄 수 있는 말로 적절하지 않은 것은?

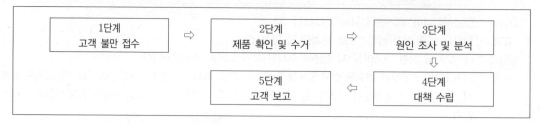

① 고객 보고 후 피드백이 이루어지면 좋겠어요.
② 대책 수립 후 재발 방지 교육을 실시한 뒤 고객 보고가 이루어지면 좋겠어요.
③ 고객 불만 접수, 고객 보고 단계에 '사과'를 추가하면 좋겠어요.
④ 1단계에서는 고객의 불만을 경청하는 태도가 중요할 것 같아요.

10 귀하의 쇼핑몰에서 제품을 구매한 고객의 전화문의가 접수되었다. 다음의 통화내용 중 A직원의 응대로 적절하지 않은 것은?

A직원 : ① 네, 안녕하십니까? ○○쇼핑몰 고객지원센터 상담원 A입니다. 무엇을 도와드릴까요?
고객 : 아, 네. 제가 거기서 티셔츠를 샀는데 아직도 배송이 안 됐어요. 어떻게 된 거예요? 배송이 왜 이렇게 오래 걸리나요?
A직원 : ② 네, 고객님. 빠른 처리를 위해서 몇 가지 질문을 드리겠습니다. 실례지만 저희 제품을 온라인과 오프라인 매장 중 어디에서 구매하셨습니까?
고객 : 음…. 온라인에서 했을 거예요.
A직원 : 네. 확인 감사합니다.
고객 : 그런데 저 지금 근무 중에 전화하는 거라 시간이 별로 없으니까 빨리 좀 처리해 주세요.
A직원 : ③ 네, 최대한 빠르게 처리될 수 있도록 도와드리겠습니다. 구매하신 고객님의 성함과 구매하신 온라인 아이디를 확인할 수 있을까요?
고객 : □□□이구요, 아이디는 ○○○이에요.
A직원 : 네. 확인 감사합니다. ④ □□□ 고객님의 주문내역을 확인한 결과, 빠르면 오늘 오후 중으로, 늦어도 내일 정오 전까지는 도착할 예정입니다.
고객 : 아, 그래요? 알겠습니다.
A직원 : 네. 더 궁금하신 점은 없으신가요?
고객 : 네.
A직원 : 네. 귀중한 시간 내주셔서 감사합니다. 저는 상담원 A였습니다.

11 K공사는 매년 사내 직원을 대상으로 창의공모대회를 개최하여 최고의 창의적 인재를 선발해 큰 상금을 수여한다. 귀하를 포함한 동료들은 올해의 창의공모대회에 참가하기로 하고, 함께 창의적인 사고에 대해 생각을 공유하는 시간을 가졌다. 다음 중 귀하가 받아들이기에 타당하지 않은 것은?

① 누구라도 자기 일을 하는 데 있어 요구되는 지능 수준을 가지고 있다면, 그 분야에서 어느 누구 못지않게 창의적일 수 있어.

② 창의적인 사고를 하기 위해서는 고정관념을 버리고, 문제의식을 느껴야 해.

③ 창의적으로 문제를 해결하기 위해서는 문제의 원인이 무엇인가를 분석하는 논리력이 매우 뛰어나야 해.

④ 창의적인 사고는 선천적으로 타고나야 하고, 후천적인 노력에는 한계가 있어.

12 다음 중 브레인스토밍(Brainstorming)의 진행 방법으로 옳지 않은 것은?

① 아이디어가 많을수록 질적으로 우수한 아이디어가 나온다.

② 다수의 의견을 도출해낼 수 있는 사람을 회의의 리더로 선출한다.

③ 논의하고자 하는 주제를 구체적이고 명확하게 정한다.

④ 다른 사람의 의견을 듣고 자유롭게 비판한다.

13 다음은 우체국 택배에 관한 SWOT 분석 결과이다. SWOT 분석을 바탕으로 세운 전략으로 적절하지 않은 것은?

〈우체국 택배 SWOT 분석 결과〉

강점(Strength)	약점(Weakness)
• 공공기관으로서의 신뢰성 • 우편 서비스에 대한 높은 접근성 • 전국적인 물류망 확보	• 인력 및 차량의 부족 • 공공기관으로서의 보수적 조직문화 • 부족한 마케팅 자원
기회(Opportunity)	위협(Threat)
• 전자상거래 활성화로 인한 택배 수요 증가 • 경쟁력 확보를 위한 기관의 노력	• 민간 업체들과의 경쟁 심화 • 기존 업체들의 설비 및 투자 확대 • 대기업 중심의 업체 진출 증가

① SO전략 : 전국적 물류망을 기반으로 택배 배송 지역을 확장한다.

② WO전략 : 보수적 조직문화의 개방적 쇄신을 통해 공공기관으로서의 경쟁력을 확보한다.

③ ST전략 : 민간 업체와의 경쟁에서 공공기관으로서의 높은 신뢰도를 차별화 전략으로 활용한다.

④ WT전략 : 지역별로 분포된 우체국 지점의 접근성을 강조한 마케팅으로 대기업의 공격적 마케팅에 대응한다.

14 다음 중 창의적 사고에 대한 설명으로 옳지 않은 것은?

① 창의적 사고능력은 누구나 할 수 있는 일반적 사고와 달리 일부 사람만이 할 수 있는 능력이다.

② 창의적 사고란 정보와 정보의 조합으로 사회나 개인에게 새로운 가치를 창출하도록 하게 한다.

③ 창의적 사고란 무에서 유를 만들어 내는 것이 아니라 끊임없이 참신한 아이디어를 산출하는 것이다.

④ 창의적 사고란 이미 알고 있는 경험과 지식을 다시 결합함으로써 참신한 아이디어를 산출하는 것이다.

15 다음 중 문제해결을 위한 필수요소로 적절하지 않은 것은?

① 반복적인 교육훈련

② 문제해결 방법에 대한 지식

③ 관련 지식에 대한 가용성

④ 도전의식과 끈기

16 다음 글에 나타난 K대학교의 문제해결을 위한 대안으로 가장 적절한 것은?

> K대학교는 현재 학생 관리 프로그램, 교수 관리 프로그램, 성적 관리 프로그램의 3개의 응용 프로그램을 갖추고 있다. 학생 관리 프로그램은 학생 정보를 저장하고 있는 파일을 이용하고, 교수 관리 프로그램은 교수 정보 파일 그리고 성적 관리 프로그램은 성적 정보 파일을 이용한다. 즉 다음과 같이 각각의 응용 프로그램들은 개별적인 파일을 이용한다.
> 이런 경우의 파일에는 많은 정보가 중복 저장되어 있다. 그렇기 때문에 중복된 정보가 수정되면 관련된 모든 파일을 수정해야 하는 불편함이 있다. 예를 들어, 한 학생이 자퇴하게 되면 학생 정보 파일뿐만 아니라 교수 정보 파일, 성적 정보 파일도 수정해야 하는 것이다.

① 데이터베이스 구축 ② 유비쿼터스 구축
③ RFID 구축 ④ NFC 구축

※ 다음은 자료, 정보, 지식을 구분해 놓은 것이다. 이어지는 질문에 답하시오. [17~18]

〈자료, 정보, 지식에 대한 구분〉

자료 (Data)	⇨	객관적 실제의 반영이며, 그것을 전달할 수 있도록 기호화한 것	⇨	[예] • 고객의 휴대폰 기종 • 고객의 휴대폰 활용 횟수
정보 (Information)	⇨	자료를 특정한 목적과 문제해결에 도움이 되도록 가공한 것	⇨	[예] • 중년층의 휴대폰 기종 • 중년층의 휴대폰 활용 횟수
지식 (Knowledge)	⇨	정보를 집적하고 체계화하여 장래의 일반적인 사항에 대비해 보편성을 갖도록 한 것	⇨	[예] • 휴대폰 디자인에 대한 중년층의 취향 • 중년층을 주요 타깃으로 신종 휴대폰 개발

17 다음 중 정보(Information)에 대한 사례를 〈보기〉에서 모두 고르면?

〈보기〉

㉠ 라면 종류별 전체 판매량 ㉡ 1인 가구의 인기 음식
㉢ 남성을 위한 고데기 개발 ㉣ 다큐멘터리와 예능 시청률
㉤ 만보기 사용 횟수 ㉥ 5세 미만 아동들의 선호 색상

① ㉠, ㉢
② ㉡, ㉣
③ ㉡, ㉥
④ ㉢, ㉥

18 다음 제시된 자료(Data)를 통해 추론할 수 있는 지식(Knowledge)으로 적절하지 않은 것은?

• 연령대별 선호 운동
• 직장인 평균 퇴근 시간
• 실내운동과 실외운동의 성별 비율
• 운동의 목적에 대한 설문조사 자료
• 선호하는 운동 부위의 성별 비율
• 운동의 실패 원인에 대한 설문조사 자료

① 퇴근 후 부담없이 운동 가능한 운동기구 개발
② 20·30대 남성들을 위한 실내체육관 개설 계획
③ 요일마다 특정 운동부위 발달을 위한 운동 가이드 채널 편성
④ 다이어트에 효과적인 식이요법 자료 발행

19 다음은 정보화 사회에서 필수적으로 해야 할 일을 설명한 글이다. 이에 대한 사례로 옳지 않은 것은?

첫째, 정보검색이다. 인터넷에는 수많은 사이트가 있으며, 여기서 내가 원하는 정보를 찾는 것을 정보검색, 즉 소위 말하는 인터넷 서핑이라 할 수 있다. 수많은 사이트에서 내가 원하는 정보를 찾기란 만만치 않은 일이다. 지금은 다행히도 검색방법이 발전하여 문장검색용 검색엔진과 자연어 검색방법도 나와 네티즌들로부터 대환영을 받고 있다. 이러한 발전에 맞추어 정보화 사회에서는 궁극적으로 타인의 힘을 빌리지 않고 내가 원하는 정보는 무엇이든지 다 찾을 수가 있도록 되어야 한다. 즉, 당신은 자신이 가고 싶은 곳의 정보라든지 궁금한 사항을 스스로 해결할 정도는 되어야 한다는 것이다.

둘째, 정보관리다. 인터넷에서 어렵게 검색하여 찾아낸 결과를 관리하지 못하여 머리 속에만 입력하고, 컴퓨터를 끄고 나면 잊어버리는 것은 정보관리를 못하는 것이다. 자신이 검색한 내용에 대하여 파일로 만들어 보관하든, 프린터로 출력하여 인쇄물로 보관하든, 언제든지 필요할 때 다시 볼 수 있도록 조치해야 한다.

셋째, 정보전파이다. 이것은 정보관리를 못한 사람은 어렵다. 오로지 입을 이용해서만 전파가 가능하기 때문이다. 요즘은 전자우편과 SNS를 이용해서 정보를 전달하기 때문에 정보전파가 매우 쉽다. 참으로 편리한 세상이 아닐 수 없다. 인터넷만 이용하면 편안히 서울에 앉아서 미국에도 논문을 보낼 수 있는 것이다.

① 내일 축구에서 승리하는 국가를 맞추기 위해 선발 선수들의 특징을 파악해야겠어.
② 라면을 맛있게 조리할 수 있는 나만의 비법을 SNS에 올려야지.
③ 다음 주 제주도 여행을 위해서 다음 주 날씨를 요일별로 잘 파악해서 기억해 둬야지.
④ 내가 가진 금액에 맞는 의자를 사기 위해 가격 비교 사이트를 이용해야겠다.

20 C주임은 최근 개인정보 보호의 중요성을 실감하였고, 개인정보의 종류를 파악하기 위해 다음과 같이 표를 만들었다. ㉠ ~ ㉣에 들어갈 정보로 옳지 않은 것은?

<개인정보의 종류>

분류	내용
일반정보	이름, 주민등록번호, 운전면허정보, 주소, 전화번호, 생년월일, 출생지, 본적지, 성별, 국적 등
가족정보	가족의 이름, 직업, 생년월일, (㉠), 출생지 등
교육 및 훈련정보	최종학력, 성적, 기술자격증 / 전문면허증, 이수훈련 프로그램, 서클 활동, 상벌사항, 성격 / 행태 보고 등
병역정보	군번 및 계급, 제대유형, 주특기, 근무부대 등
부동산 및 동산정보	소유주택 및 토지, (㉡), 저축현황, 현금카드, 주식 및 채권, 수집품, 고가의 예술품, 보석 등
소득정보	연봉, 소득의 원천, (㉢), 소득세 지불 현황 등
기타 수익정보	보험가입현황, 수익자, 회사의 판공비 등
신용정보	저당, 신용카드, 담보설정 여부 등
고용정보	고용주, 회사주소, 상관의 이름, 직무수행 평가 기록, 훈련기록, 상벌기록 등
법적정보	전과기록, 구속기록, 이혼기록 등
의료정보	가족병력기록, 과거 의료기록, 신체장애, 혈액형 등
조직정보	노조가입, (㉣), 클럽회원, 종교단체 활동 등
습관 및 취미정보	흡연 / 음주량, 여가활동, 도박성향 등

① ㉠ – 주민등록번호
② ㉡ – 자동차
③ ㉢ – 대부상황
④ ㉣ – 정당가입

21 A팀장은 급하게 해외 출장을 떠나면서 B대리에게 다음과 같은 메모를 남겨두었다. B대리가 가장 먼저 처리해야 할 일은 무엇인가?

> B대리, 지금 급하게 해외 출장을 가야 해서 오늘 처리해야 하는 것들 메모 남겨요.
> 오후 2시에 거래처와 미팅 있는 거 알고 있죠? 오전 내로 거래처에 전화해서 다음 주 중으로 다시 미팅 날짜 잡아 줘요. 그리고 오늘 신입사원들과 점심 식사하기로 한 거 난 참석하지 못하니까 다른 직원들이 참석해서 신입사원들 고충도 좀 들어 주고 해요. 식당은 지난번 갔었던 한정식집이 좋겠네요. 점심 시간에 많이 붐비니까 오전 10시까지 예약전화하는 것도 잊지 말아요. 식비는 법인카드로 처리하도록 하고. 오후 5시에 진행할 회의 PPT는 거의 다 준비되었다고 알고 있는데 바로 나한테 메일로 보내 줘요. 확인하고 피드백할게요. 아, 그 전에 내가 중요한 자료를 안 가지고 왔어요. 그것부터 메일로 보내 줘요. 고마워요.

① 거래처에 미팅일자 변경 전화를 한다.
② 점심 예약전화를 한다.
③ 회의 자료를 준비한다.
④ 메일로 A팀장이 요청한 자료를 보낸다.

22 귀하는 K중소기획의 영업팀에 채용돼 일주일간의 신입사원 교육을 마친 뒤, 오늘부터 본격적인 업무를 시작하게 되었다. 영업팀 팀장은 첫 출근한 귀하를 자리로 불러 "다른 팀장들에게 인사하기 전에, 인사기록카드를 작성해서 관련 팀에 제출하도록 하세요. 그리고 우리 팀 비품 신청 건이 어떻게 처리되고 있는지도 확인 부탁해요."라고 지시했다. 팀장의 지시를 모두 처리하기 위한 귀하의 행동으로 가장 적절한 것은?

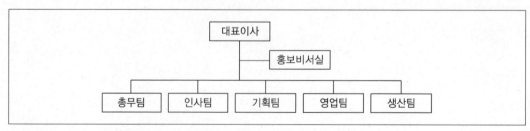

① 비서실에 가서 인사기록카드를 제출하고, 영업팀 비품 신청 상황을 묻는다.
② 인사팀에 가서 인사기록카드를 제출하고, 영업팀 비품 신청 상황을 묻는다.
③ 기획팀에 가서 인사기록카드를 제출하고, 영업팀 비품 신청 상황을 묻는다.
④ 인사팀에 가서 인사기록카드를 제출하고, 총무팀에 가서 영업팀 비품 신청 상황을 묻는다.

23 현재 시각은 오전 11시이다. 오늘 중 마쳐야 하는 다음 네 가지의 업무를 보고 업무의 우선순위를 순서대로 바르게 나열한 것은?(단, 업무시간은 오전 9시부터 오후 6시까지이며, 점심시간은 12시부터 1시간이다)

업무 내용	처리 시간
ㄱ. 기한이 오늘까지인 비품 신청	1시간
ㄴ. 오늘 내에 보고해야 하는 보고서 초안을 작성해 달라는 부서장의 지시	2시간
ㄷ. 가능한 빨리 보내 달라는 인접 부서의 협조 요청	1시간
ㄹ. 오전 중으로 고객에게 보내기로 한 자료 작성	1시간

① ㄱ - ㄴ - ㄷ - ㄹ
② ㄴ - ㄷ - ㄹ - ㄱ
③ ㄷ - ㄴ - ㄹ - ㄱ
④ ㄹ - ㄴ - ㄷ - ㄱ

24 티베트에서는 손님이 찻잔을 비우면 주인이 계속 첨잔을 하는 것이 기본예절이며, 손님의 입장에서 주인이 권하는 차를 거절하면 실례가 된다. 티베트에 출장 중인 G사원은 이를 숙지하고 티베트인 집에서 차 대접을 받게 되었다. G사원이 찻잔을 비울 때마다 주인이 계속 첨잔을 하여 곤혹을 겪고 있을 때, G사원의 행동으로 가장 적절한 것은?

① 주인에게 그만 마시고 싶다며 단호하게 말한다.
② 잠시 자리를 피하도록 한다.
③ 차를 다 비우지 말고 입에 살짝 댄다.
④ 힘들지만 계속 마시도록 한다.

25 다음 밑줄 친 법칙에 해당하는 사례로 가장 적절한 것은?

> 돈이 되는 20%의 고객이나 상품만 있으면 80%의 수익이 보장된다는 파레토 법칙이 그간 진리로 여겨졌다. 그런데 최근 롱테일(Long Tail) 법칙이라는 새로운 개념이 자리를 잡고 있다. 이는 하위 80%가 상위 20%보다 더 많은 수익을 낸다는 법칙이다. 한마디로 '티끌 모아 태산'이 가능하다는 것이다.

① A은행은 VIP전용 창구를 확대하였다.
② B기업은 생산량을 늘려 단위당 생산비를 낮추었다.
③ C인터넷 서점은 극소량만 팔리는 책이라도 진열한다.
④ D극장은 주말 요금을 평일 요금보다 20% 인상하였다.

제5회
코레일네트웍스

NCS 직업기초능력

〈문항 및 시험시간〉

영역	문항 수	시험시간	모바일 OMR 답안채점 / 성적분석 서비스
의사소통능력＋대인관계능력＋문제해결능 력＋정보능력＋조직이해능력	25문항	30분	

제5회 최종모의고사

문항 수 : 25문항
시험시간 : 30분

01 다음은 문제중심학습(PBL)에 대한 내용이다. 〈보기〉 다음에 이어질 문장을 순서대로 바르게 나열한 것은?

─── 〈보기〉 ───

개인의 일상생활은 물론 사회생활에서도 의사소통능력은 매우 중요하지만, 과거에는 이러한 중요성에도 불구하고 의사소통능력에 대해 단순 암기위주의 수업으로 진행해왔다.

ㄱ. 이러한 문제중심학습(PBL)은 학생들로 하여금 학습에 더 능동적으로 참여하도록 할 뿐 아니라 자기 주도적으로 문제를 해결할 수 있는 문제해결능력도 기를 수 있도록 도와준다.

ㄴ. 따라서 의사소통능력에 관한 지식은 교수자가 단순히 기존에 확립되어 있는 지식을 학습자들에게 이해시키는 강의 교수법이 아닌, 실제 현장에서 일어나는 사례를 예로 들어 실제 현장에서 학습자들이 적용시킬 수 있는 문제중심학습(PBL)이 더 적절할 것이다.

ㄷ. 하지만 의사소통은 단순 암기위주로 배울 수 있는 특정한 장소와 시간에 관한 단편적인 지식이 아니다. 의사소통은 본래 실제 상황에서 발생하는 현상을 잘 관찰하고 이해해야만 얻어질 수 있는 고차원적인 지식이기 때문이다.

ㄹ. 단, 이때 교수자는 학생들이 다양한 문제해결능력을 기를 수 있도록 자신의 생각이나 행동들을 객관적 기준으로 생각하지 않게 하는 것이 중요하다.

① ㄱ - ㄴ - ㄷ - ㄹ
② ㄱ - ㄹ - ㄷ - ㄴ
③ ㄴ - ㄷ - ㄱ - ㄹ
④ ㄷ - ㄴ - ㄱ - ㄹ

02 다음 중 의사소통에 대한 설명으로 옳지 않은 것은?

① 두 명 이상의 사람들 사이에서 일어나는 의사의 전달이 이루어지는 것이다.

② 조직 내에서 적절한 의사소통을 형성하는 것은 결코 쉬운 일이 아니다.

③ 직업생활의 의사소통은 정보를 전달하려는 목적만을 가지고 있다.

④ 의사소통에서 상대방이 어떻게 받아들일 것인가에 대한 고려가 바탕이 되어야 한다.

03 다음은 문서이해능력의 중요성에 대한 글이다. ㉠~㉤에 들어갈 말이 바르게 연결된 것은?

> 우리는 직업생활에 있어 자신에게 주어진 각종 문서를 읽고 적절히 이해하여야 하며, 각종 문서나 자료에 수록된 정보를 ___㉠___ 하여, 알맞은 정보를 ___㉡___ 하고 ___㉢___ 하여 ___㉣___ 할 수 있어야 한다. 또한 문서에서 주어진 문장이나 정보를 읽고 이해하여 자신에게 필요한 행동이 무엇인지 ___㉤___ 할 수 있어야 하며, 도표, 수, 기호 등도 이해하고 표현할 수 있어야 한다.

	㉠	㉡	㉢	㉣	㉤
①	구별	확인	비교	추론	통합
②	구별	비교	확인	통합	추론
③	확인	비교	추론	비교	추론
④	확인	구별	비교	통합	추론

04 다음 중 비언어적 의사표현에 대한 설명으로 옳지 않은 것은?

① 눈살을 찌푸리는 표정은 불만족과 불쾌를 나타낸다.

② 상대방의 눈을 쳐다보는 것은 흥미와 관심이 있음을 나타낸다.

③ 어조가 높으면 적대감이나 대립감을 나타낸다.

④ 말의 속도와 리듬에 있어서 매우 빠르거나 짧게 얘기하면 흥분, 즐거움을 나타낸다.

05 다음 〈보기〉 중 문서와 그 문서에 대한 설명의 연결이 옳지 않은 것을 모두 고르면?

<보기>

ㄱ. 상품소개서 : 일반인들이 친근하게 읽고 내용을 쉽게 이해하도록 하는 문서
ㄴ. 보도자료 : 정부 기관이나 기업체, 각종 단체 등이 언론의 보도내용 중 자기 조직과 관계 있는 것을 모아 종합해놓은 자료
ㄷ. 비즈니스 메모 : 개인의 환경, 성장과정 등을 구체적으로 기술한 문서
ㄹ. 제품설명서 : 제품의 특징과 활용도에 대해 세부적으로 언급하여, 제품의 사용법에 대해 자세히 알려주는 문서

① ㄱ, ㄴ
③ ㄴ, ㄷ
② ㄱ, ㄷ
④ ㄴ, ㄹ

06 K공사에 근무하는 A씨는 최근 회사 윤리교육시간에 감정은행계좌에 대한 강의를 들었다. 다음 질문에 대한 A씨의 답변으로 적절하지 않은 것은?

K공사 사원분들, 안녕하십니까. 오늘 윤리교육시간에는 감정은행계좌에 대해 강의해볼까 합니다. 감정은행계좌는 금품이 아닌 우리의 감정을 예입하는 것입니다. 즉 인간관계에서 구축하는 신뢰의 정도를 은유적으로 표현한 것이지요. 만약 우리가 다른 사람의 입장을 먼저 이해하고 배려하며, 친절하고 정직하게 약속을 지킨다면 우리는 감정을 저축하는 셈이 됩니다. 그렇다면 감정은행계좌를 적립하기 위한 예입 수단으로는 무엇이 있을까요? A씨가 대답해볼까요?

① 나 자신보다 상대방의 입장을 이해하고 양보할 줄 알아야 합니다.
② 개인의 사생활을 위해 사소한 일에 관심 갖지 말아야 합니다.
③ 실수를 저지를 수는 있으나, 그것을 인정할 줄 알아야 합니다.
④ 작은 칭찬과 배려, 감사하는 마음을 항상 가지고 있어야 합니다.

07 다음 〈보기〉 중 팀워크를 통한 조직목표 달성의 효과성 개선 노력으로 적절한 것을 모두 고르면?

〈보기〉

ㄱ. A부서는 외부 조직과의 협업에서 문제가 발생할 경우를 대비하여 절차상의 하자 제거를 최우선시 함으로써 책임소재를 명확히 한다.
ㄴ. B부서는 추진사업 선정에 있어 부서 내 의견이 불일치하는 경우, 부서장의 의견에 따라 사안을 결정한다.
ㄷ. C부서는 사업 계획단계에서 평가 지표를 미리 선정해두고, 해당 지표에 따라 사업의 성패 여부를 판단한다.
ㄹ. D부서는 비효율적인 결재 절차를 간소화하기 위해 팀을 수평적 구조로 재편하였다.

① ㄱ, ㄴ
② ㄴ, ㄷ
③ ㄴ, ㄹ
④ ㄷ, ㄹ

08 다음 중 리더의 특징에 해당하는 것을 〈보기〉에서 모두 고르면?

〈보기〉

㉠ 새로운 상황 창조자
㉡ 혁신지향적
㉢ 오늘에 초점을 맞춤
㉣ 사람을 중시함
㉤ '어떻게 할까?'를 생각함

① ㉠, ㉡, ㉣
② ㉠, ㉡, ㉤
③ ㉡, ㉢, ㉤
④ ㉢, ㉣, ㉤

09 다음 밑줄 친 법칙을 리더(Leader)의 입장에서 이해한 내용으로 가장 적절한 것은?

존 맥스웰(John Maxwell)의 저서 『121가지 리더십 불변의 법칙』 중 첫 번째 법칙으로 '뚜껑의 법칙'을 살펴볼 수 있다. 뚜껑의 법칙이란 용기(容器)를 키우려면 뚜껑의 크기도 그에 맞게 키워야만 용기로서의 역할을 제대로 할 수 있으며, 그렇지 않으면 병목 현상이 생겨 제 역할을 할 수 없다는 것이다.

① 리더는 자신에 적합한 인재를 등용할 수 있어야 한다.
② 참된 리더는 부하직원에게 기회를 줄 수 있어야 한다.
③ 리더는 부하직원의 실수도 포용할 수 있어야 한다.
④ 크고 작은 조직의 성과는 리더의 역량에 달려 있다.

10 다음 중 임파워먼트(Empowerment)를 통해 나타나는 특징으로 옳지 않은 것은?

① 구성원들 스스로 일에 대한 흥미를 느끼도록 해준다.

② 구성원들이 자신의 업무가 존중받고 있음을 느끼게 해준다.

③ 구성원들로 하여금 업무에 대해 계속해서 도전하고 성장할 수 있도록 유도할 수 있다.

④ 구성원들이 현상을 유지하고 조직에 순응하는 모습을 기대할 수 있다.

11 다음 중 문제해결의 방해 요인이 아닌 것은?

① 문제를 철저하게 분석하지 않는 경우

② 고정관념에 얽매이는 경우

③ 너무 많은 자료를 수집하려고 노력하는 경우

④ 내부뿐만 아니라 활용할 수 있는 외부의 자원까지 이용하고자 하는 경우

12 다음 기사에 나타난 문제 유형을 바르게 설명한 것은?

> 도색이 완전히 벗겨진 차선과 지워지기 직전의 흐릿한 차선이 서울 강남의 도로 여기저기서 발견되고 있다. 알고 보니 규격 미달의 불량 도료 때문이었다. 시공 능력이 없는 업체들이 서울시가 발주한 도색 공사를 따낸 뒤, 브로커를 통해 전문 업체에 공사를 넘겼고, 이 과정에서 수수료를 떼인 전문 업체들은 손해를 만회하기 위해 값싼 도료를 사용한 것이다. 차선용 도료에 값싼 일반용 도료를 섞다 보니 야간에 차선이 잘 보이도록 하는 유리알이 제대로 붙어있지 못해 차선 마모는 더욱 심해졌다. 지난 4년간 서울 전역에서는 74건의 부실시공이 이뤄졌고, 공사 대금은 총 183억 원에 달하는 것으로 밝혀졌다.

① 발생형 문제로, 일탈 문제에 해당한다.

② 탐색형 문제로, 예측 문제에 해당한다.

③ 탐색형 문제로, 잠재 문제에 해당한다.

④ 발생형 문제로, 미달 문제에 해당한다.

13 다음 중 비판적 사고를 개발하기 위한 태도가 아닌 것은?

① 주관성
② 개방성
③ 융통성
④ 지속성

14 논리적 사고를 개발하는 방법 중 'So what 기법'을 사용한 예로 옳은 것은?

> • 우리 회사의 자동차 판매대수가 사상 처음으로 전년 대비 마이너스를 기록했다.
> • 우리나라의 자동차 업계 전체는 일제히 적자 결산을 발표했다.
> • 주식 시장은 몇 주간 조금씩 하락하는 상황에 있다.

① 자동차 판매가 부진하다.
② 과거를 볼 때 자동차 산업의 미래가 좋지 않다.
③ 자동차 산업과 주식시장의 상황이 복잡하다.
④ 자동차 관련 기업의 주식을 사서는 안 된다.

15 다음 중 문제해결과정의 절차에서 선정된 문제를 분석하여 해결해야 할 것이 무엇인지 명확히 하는 단계는?

① 문제 인식
② 문제 도출
③ 원인 분석
④ 해결안 개발

16 다음 글에서 설명하는 것은 무엇인가?

> 데이터를 일정한 프로그램에 따라 컴퓨터가 처리·가공함으로써 '특정한 목적을 달성 하는 데 필요하거나 특정한 의미를 가진 것으로 다시 생산된 것'을 뜻한다.

① 자료　　　　　　　　　　　② 정보
③ 지식　　　　　　　　　　　④ 지혜

※ K씨는 쇼핑몰 창업 준비를 위한 강연을 준비 중이다. K씨는 강연 준비를 위해 5W2H 원칙에 맞추어 다음과 같이 표를 작성하였다. 이어지는 질문에 답하시오. **[17~18]**

〈쇼핑몰 창업 준비를 위한 강연〉

구분	의견
What (무엇을)	• 쇼핑몰 창업의 준비단계를 알려주는 정보성 강연을 계획 중이다. • (　　　　　　⑤　　　　　　)
Why (왜)	• 취업난과 창업 시장의 활성화로 창업에 뛰어드는 사람들이 많아졌다. • (　　　　　　ⓒ　　　　　　)
Who (누가)	• 창업 전문가, 사업계획서 전문가를 모셔서 진행할 예정이다. • (　　　　　　ⓒ　　　　　　)
Where (어디서)	• (　　　　　　ⓒ　　　　　　)
When (언제)	• 오후 1시부터 오후 3시까지 완료할 예정이다.
How (어떻게)	• ＿＿＿＿＿(A)＿＿＿＿＿
How Much (얼마나)	• 장소 대여비, 외부강사비 등에 따라 변동 가능

17 다음 중 ⑤ ~ ②에 들어갈 내용으로 가장 적절한 것은?

① ⑤ : 창업의 수요가 늘어나고 있다.
② ⓒ : 대부분의 사람들이 창업의 첫 시작에 대한 정보가 부족하다.
③ ⓒ : 직장인들을 위해 주말 시간도 이용할 예정이다.
④ ② : 창업을 준비하는 사람 300명이 대상자이다.

18 다음 중 (A)에 들어갈 내용으로 적절하지 않은 것은?

① 2인 이상 예약 시 할인 혜택

② 홈페이지 배너 광고

③ 소셜커머스를 이용한 판매

④ 포털사이트 광고

19 다음 글에서 나타나는 사회는 무엇인가?

> 이 세상에서 필요로 하는 정보가 사회의 중심이 되는 사회로서 컴퓨터 기술과 정보통신 기술을 활용하여 사회
> 각 분야에서 필요로 하는 가치 있는 정보를 창출하고, 보다 유익하고 윤택한 생활을 영위하는 사회로 발전시켜
> 나가는 것을 뜻한다.

① 정보화사회　　　　　　　　　② 산업화사회

③ 농업사회　　　　　　　　　　④ 미래사회

20 다음 중 정보의 기획단계에서 사용하는 방법이 아닌 것은?

① WHAT　　　　　　　　　　② WHERE

③ HOW　　　　　　　　　　　④ HOW MANY

21 다음은 경영전략 추진과정을 나타낸 내용이다. (가)에 대한 사례 중 그 성격이 다른 것은?

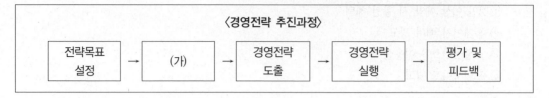

① 제품 개발을 위해 우리가 가진 예산의 현황을 파악해야 해.

② 우리 제품의 시장 개척을 위해 법적으로 문제가 없는지 확인해 봐야겠군.

③ 이번에 발표된 정부의 정책으로 우리 제품이 어떠한 영향을 받을 수 있는지 확인해 볼 필요가 있어.

④ 신제품 출시를 위해 경쟁사들의 동향을 파악해 봐야겠어.

22 다음 중 업무상 미국인 C씨와 만나야 하는 B대리가 알아두어야 할 예절로 적절하지 않은 것은?

> A부장 : B대리, K기업 C씨를 만날 준비는 다 되었습니까?
> B대리 : 네, 부장님. 필요한 자료는 다 준비했습니다.
> A부장 : 그래요. 우리 회사는 해외 진출이 경쟁사에 비해 많이 늦었는데 K기업과 파트너만 된다면 큰 도움이
> 될 겁니다. 아, 그런데 업무 관련 자료도 중요하지만 우리랑 문화가 다르니까 실수하지 않도록 준비
> 잘하세요.
> B대리 : 네, 알겠습니다.

① 무슨 일이 있어도 시간은 꼭 지켜야 한다.

② 악수를 할 때 눈을 똑바로 보는 것은 실례이다.

③ 어떻게 부를 것인지 상대방에게 미리 물어봐야 한다.

④ 명함은 악수를 한 후 교환한다.

23 다음은 경쟁사의 매출이 나날이 오르는 것에 경각심을 느낀 K회사의 신제품 개발 회의 내용의 일부이다. 효과적인 회의의 5가지 원칙에 기반을 두어 가장 효과적으로 회의에 임한 사람은?

<효과적인 회의의 5가지 원칙>

1. 긍정적인 어법으로 말하라.
2. 창의적인 사고를 할 수 있게 분위기를 조성하라.
3. 목표를 공유하라.
4. 적극적으로 참여하라.
5. 주제를 벗어나지 마라.

팀장 : 매운맛 하면 역시 우리 회사 라면이 가장 잘 팔렸는데, 최근 너도나도 매운맛을 만들다 보니 우리 회사 제품의 매출이 상대적으로 줄어든 것 같아서 신제품 개발을 위해 오늘 회의를 진행하게 되었습니다. 아주 중요한 회의이니만큼 각자 좋은 의견을 내주시기 바랍니다.

A사원 : 저는 사실 저희 라면이 그렇게 매출이 좋았던 것도 아닌데 괜한 걱정을 하는 것이라고 생각해요. 그냥 전이랑 비슷한 라면에 이름만 바꿔서 출시하면 안 됩니까?

B사원 : 하지만 그렇게 했다간 입소문이 안 좋아져서 회사가 문을 닫게 될지도 모릅니다.

C사원 : 그나저나 이번에 타사에서 출시된 까불면이 아주 맛있던데요?

D사원 : 까불면도 물론 맛있긴 하지만, 팀장님 말씀대로 매운맛 하면 저희 회사 제품이 가장 잘 팔린 것으로 알고 있습니다. 더 다양한 소비자층을 끌기 위해 조금 더 매운맛과 덜 매운맛까지 3가지 맛을 출시하면 매출성장에 도움이 될 것 같습니다.

① A사원　　　　　　　　　　　② B사원
③ C사원　　　　　　　　　　　④ D사원

24 다음과 같은 상황에서 A과장이 취할 수 있는 가장 적절한 행동(Best)과 가장 적절하지 않은 행동(Worst)을 바르게 연결한 것은?

〈상황〉

A과장은 동료 직원과 공동으로 맡은 프로젝트가 있다. 프로젝트의 업무 보고서를 내일까지 E차장에게 작성해서 제출해야 한다. 또한, A과장은 오늘 점심식사 후에 있을 회의 자료도 준비해야 한다. 회의 시작까지 남은 시간은 3시간이고, 프로젝트 업무 보고서 제출기한은 내일 오전 중이다.

〈행동〉

구분	행동
㉠	동료 직원과 업무 보고서에 대해 논의한 뒤 분담해 작성한다.
㉡	동료 직원의 업무 진행상황을 묻고 우선순위를 논의한 뒤 회의 자료를 준비한다.
㉢	다른 팀 사원에게 상황을 설명하고 도움을 요청한 뒤 회의 자료를 준비한다.
㉣	회의 자료를 준비한 후 동료와 업무 진행 상황을 논의해 우선순위를 정하고, 업무 보고서를 작성한다.

	Best	Worst
①	㉠	㉢
②	㉡	㉣
③	㉢	㉠
④	㉣	㉠

25 K사의 인사담당자인 귀하는 채용설명회에 사용할 포스터를 만들려고 한다. 인재상을 실제 업무환경과 관련지어 포스터에 문구를 삽입하려고 할 때, 그 문구로 적절하지 않은 것은?

〈K사의 인재상과 업무환경〉

인재상	업무환경
1. 책임감	1. 격주 토요일 근무
2. 고객지향	2. 자유로운 분위기
3. 열정	3. 잦은 출장
4. 목표의식	4. 고객과 직접 대면하는 업무
5. 글로벌인재	5. 해외지사와 업무협조

① 중압적인 분위기를 잘 이겨낼 수 있는 열정적인 인재
② 자신의 일을 사랑하고 책임질 수 있는 인재
③ 어느 환경에서도 잘 적응할 수 있는 인재
④ 글로벌화에 발맞춰 소통으로 회사의 미래를 만드는 인재

제6회
코레일네트웍스

NCS 직업기초능력

〈문항 및 시험시간〉

영역	문항 수	시험시간	모바일 OMR 답안채점 / 성적분석 서비스
의사소통능력＋대인관계능력＋문제해결능 력＋정보능력＋조직이해능력	25문항	30분	

제6회 최종모의고사

문항 수 : 25문항
시험시간 : 30분

01 다음 〈보기〉의 설명 중 보고서 작성에 대한 설명으로 옳지 않은 것을 모두 고르면?

〈보기〉

ㄱ. 일반적으로 업무의 진행 과정에서 쓰이므로, 핵심내용을 구체적으로 제시하는 것이 중요하다.
ㄴ. 업무상 상사에게 제출하는 문서이므로, 작성 후에는 질의사항에 대응한다.
ㄷ. 정확한 이해를 위하여 중요한 내용은 반복을 통해 강조한다.
ㄹ. 참고자료의 양이 방대하여 보고서 독해 시 방해가 된다면 참고자료를 생략할 수 있다.

① ㄱ, ㄴ
② ㄱ, ㄷ
③ ㄴ, ㄷ
④ ㄷ, ㄹ

02 A사원은 직장 내에서의 의사소통능력 향상 방법에 대한 강연을 들으면서 다음과 같이 메모하였다. A사원이 잘못 작성한 내용은 모두 몇 개인가?

〈2024년 6월 10일 의사소통능력 향상 방법 강연을 듣고...〉

• 의사소통의 저해 요인

… (중략) …

• 의사소통에 있어 자신이나 타인의 느낌을 건설적으로 처리하는 방법
  ㉠ 얼굴을 붉히는 것과 같은 간접적 표현을 피한다.
  ㉡ 자신의 감정을 주체하지 못하고 과격한 행동을 하지 않는다.
  ㉢ 자신의 감정 상태에 대한 책임을 타인에게 전가하지 않는다.
  ㉣ 자신의 감정을 조절하기 위하여 상대방으로 하여금 그의 행동을 변하도록 강요하지 않는다.
  ㉤ 자신의 감정을 명확하게 하지 못할 경우라도 즉각적인 의사소통이 될 수 있도록 노력한다.

① 1개
② 2개
③ 3개
④ 4개

03 다음 중 인상적인 의사소통능력에 대한 설명으로 옳지 않은 것은?

① 자신의 의견을 인상적으로 전달하기 위해서는 자신의 의견을 장식하는 것이 필요하다.

② 내가 전달하고자 하는 내용이 상대방에게 의사소통과정을 통하여 '과연'하며 감탄하게 만드는 것이다.

③ 인상적인 의사소통능력을 개발하기 위해서는 자주 사용하는 표현을 잘 섞어서 쓰는 것이 좋다.

④ 새로운 고객을 만나는 직업인의 경우 같은 말을 되풀이하는 것보다 새로운 표현을 사용하여 인상적인 의사소통을 만드는 것이 좋다.

04 다음 글에서 나타나는 경청의 방해 요인은?

> 내 친한 친구는 한 번도 약속을 지킨 적이 없던 것 같다. 작년 크리스마스 때의 약속, 지난 주말에 했던 약속 모두 늦게 오거나 당일에 문자로 취소 통보를 했었다. 그 친구가 오늘 학교에서 나에게 다음 주말에 개봉하는 영화를 함께 보러 가자고 했고, 나는 당연히 다음 주에는 그 친구와 만날 수 없을 것이라고 생각했다.

① 판단하기   ② 조언하기

③ 언쟁하기   ④ 걸러내기

05 다음 중 문서작성 시 주의해야 할 사항으로 적절하지 않은 것은?

① 문서의 작성 시기는 중요하지 않다.

② 문서의 첨부자료는 반드시 필요한 자료 외에는 첨부하지 않도록 한다.

③ 문서작성 후 반드시 다시 한 번 내용을 검토해야 한다.

④ 문서 내용 중 금액, 수량, 일자 등의 기재에 정확성을 기하여야 한다.

06 다음 중 '터크만 팀 발달 단계'에 필요한 리더십을 순서대로 바르게 연결한 것은?

	형성기	혼란기	규범기	성취기
①	참여형	코치형	위임형	지시형
②	코치형	지시형	참여형	위임형
③	코치형	위임형	참여형	지시형
④	지시형	코치형	참여형	위임형

07 다음 중 멤버십의 유형별 자아에 대한 설명으로 옳지 않은 것은?

① 소외형의 경우, 의도적으로 조직 다수에 반대되는 의견을 제시하기도 한다.

② 순응형은 기꺼이 과업을 수행하며, 리더를 신뢰하는 성향을 보인다.

③ 수동형은 조직의 운영방침 및 내규에 민감하게 반응한다.

④ 균형적 시각을 갖춘 멤버십 유형은 실무형이다.

08 다음 상황에 대하여 K부장에게 조언할 수 있는 말로 가장 적절한 것은?

K부장은 얼마 전에 자신의 부서에 들어온 두 명의 신입사원 때문에 고민 중이다. 신입사원 A씨는 꼼꼼하고 차분하지만 대인관계가 서투르며, 신입사원 B씨는 사람들과 금방 친해지는 친화력을 가졌으나, 업무에 세심하지 못한 모습을 보여주고 있다. 이러한 성격으로 인해 A씨는 현재 영업 업무를 맡아 자신에게 어려운 대인관계로 인해 스트레스를 받고 있으며, B씨는 재고 관리 업무에 대해 재고 기록을 누락시키는 등의 실수를 반복하고 있다.

① 조직 구조를 이해시켜야 한다.

② 의견의 불일치를 해결해야 한다.

③ 개인의 강점을 활용해야 한다.

④ 주관적인 결정을 내려야 한다.

09 다음 중 상대방을 설득하는 방법으로 적절하지 않은 것은?

① 상대방의 논쟁을 적극적으로 유도한다.

② 상대방의 말을 중간에서 자르지 말고 그의 말을 끝까지 듣고 얘기한다.

③ 상대방의 잘못을 노골적으로 지적하지 않는다.

④ 이해관계가 직접적으로 얽혀지지 않는 제3자를 통해 말하는 것이 효과적일 수도 있다.

10 다음은 동네 가게 주인 B씨에 대한 협상 사례이다. 제시된 사례를 읽고 옆 가게 주인과 비교했을 때 B씨에게 나타나는 협상의 문제점으로 가장 적절한 것은?

> B씨는 동네 가게 주인이다. 어느 날 한 청년이 헐레벌떡 들어와 "목이 마르니 콜라를 주세요."라고 말하였다. 하지만 며칠 동안 콜라 도매상이 들리지 않는 바람에 콜라가 다 떨어진 것을 확인한 B씨는 "죄송합니다. 지금 콜라가 다 떨어졌네요."하고 대답했다. 그러자 그 청년은 밖으로 나가더니 바로 옆 가게로 들어가는 것이 아닌가? B씨는 그 모습을 보고 옆 가게에도 도매상이 들리지 않았으니 청년이 빈손으로 나올 것이라고 예상했다. 하지만 예상과 달리 청년은 콜라 대신에 사이다를 가지고 나왔다. B씨는 어떻게 사이다를 팔았는지 궁금해서 옆 가게 주인에게 물어보자, 옆 가게 주인은 "난 그저 콜라가 없지만 사이다를 대신 마시는 것은 어떤지 물어본 걸세."하고 대답했다.

① 협상 당사자의 주장에 대해 적극적으로 경청하지 않았다.

② 협상에 대해 자신이 원하는 바에 대한 주장을 제시하지 못했다.

③ 협상을 위해 상대방이 제시하는 것을 일방적으로 수용하지 않았다.

④ 협상 당사자가 실제로 원하는 것을 확인하지 못했다.

11 다음 중 문제 인식에 대한 설명으로 옳지 않은 것은?

① 환경 분석, 주요 과제 도출, 과제 선정의 절차를 거친다.

② 환경 분석에는 주로 3C 분석, SWOT 분석 등이 사용된다.

③ 주요 과제 도출 단계에서는 처음부터 가장 적합한 한 가지 안을 도출한다.

④ 과제 선정은 우선순위가 가장 높은 안을 선정한다.

12 다음 중 문제원인의 패턴에 대한 설명으로 옳은 것은?

① 문제원인의 패턴에는 단순한 인과관계, 추상적 인과관계, 닭과 계란의 인과관계, 복잡한 인과관계가 있다.

② 단순한 인과관계로는 브랜드의 향상이 매출확대로 이어지고, 매출확대가 다시 브랜드의 인지도 향상으로 이어지는 경우가 있다.

③ 닭과 계란의 인과관계로는 소매점에서 할인율을 자꾸 내려서 매출 점유율이 내려가기 시작하는 경우가 있다.

④ 복잡한 인과관계는 단순한 인과관계와 닭과 계란의 인과관계의 두 유형이 복잡하게 서로 얽혀 있는 경우이다.

13 다음 글에서 말하는 '문제점'에 대해 가장 적절하게 이야기한 사람은 누구인가?

> 문제란 목표와 현실과의 차이이다. 한 마디로 목표는 '어떻게 되었으면 좋겠는가?'라는 전망을 말하고, 현 상황은 '어떻게 되어 있는가?'라는 상태를 말한다. 여기서 차이는 목표와 현재 상황이 어긋났음을 의미한다. 문제점이란 '무엇 때문에 목표와 어긋났는가?'라는 질문에 대한 답변이다. 다시 말하면 문제점은 문제가 아니라 원인이다.

① 지혜 : 매출 목표를 100억 원으로 정했지만, 60억 원밖에 달성하지 못했어.

② 미란 : 교육훈련 시간이 부족해서 인력의 조기전력화가 불가능해졌어.

③ 건우 : 공사착공 후 13개월이 지났는데도 진척률이 95%밖에 안 돼.

④ 경현 : 태블릿 PC 생산 목표를 4만 대에서 3만 대로 줄일 수밖에 없었어.

※ 다음 사례를 읽고 이어지는 질문에 답하시오. [14~15]

<상황>

마케팅부에서 설탕과 프림을 넣지 않은 고급 인스턴트 블랙커피를 커피믹스와 같은 스틱 형태로 선보이겠다는 아이디어를 제시하였지만, 인스턴트커피를 제조하고 판매하는 K회사의 경영진의 반응은 차가웠다. K회사의 커피믹스가 성황리에 판매되고 있었기 때문이었다.

<회의 내용>

기획팀 부장 : 신제품 개발과 관련된 회의를 진행하도록 하겠습니다. 이 자리는 누구에게 책임이 있는지를 묻는 회의가 아닙니다. 신제품 개발에 대한 서로의 상황을 인지하고 문제 상황을 해결하자는 데 그 의미가 있습니다. 먼저 신제품 개발과 관련하여 마케팅팀 의견을 제시해 주십시오.

마케팅 부장 : A제품이 생산될 수 있도록 연구소 자체 공장에 파일럿 라인을 만들어 샘플을 생산하였으면 합니다.

연구소 소장 : 성공 여부가 불투명한 신제품을 위한 파일럿 라인을 만들기는 어렵습니다.

기획팀 부장 : 조금이라도 신제품 개발을 위해 생산현장에서 무언가 협력할 방안은 없을까요?

마케팅 부장 : 고급 인스턴트커피의 생산이 가능한지를 먼저 알아본 후 한 단계씩 전진하면 어떨까요?

기획팀 부장 : 좋은 의견인 것 같습니다. 소장님은 어떻게 생각하십니까?

연구소 소장 : 커피 전문점 수준의 고급 인스턴트커피를 만들기 위해서는 최대한 커피 전문점이 만드는 커피와 비슷한 과정을 거쳐야 할 것 같습니다.

마케팅 부장 : 그렇습니다. 하지만 100% 커피전문점 원두커피를 만드는 것이 아닙니다. 전문점 커피를 100으로 봤을 때, 80~90% 정도 수준이면 됩니다.

연구소 소장 : 퀄리티는 높이고 일회용 스틱 형태의 제품인 믹스의 사용 편리성은 그대로 두자는 이야기죠?

마케팅 부장 : 그렇습니다. 우선 커피를 추출하는 장비가 필요합니다. 또한, 액체인 커피를 봉지에 담지 못하니 동결건조방식을 활용해야 할 것 같습니다.

연구소 소장 : 보통 믹스커피는 하루 1t 분량의 커피를 만들 수 있는데, 이야기한 방법으로는 하루에 100kg도 못 만듭니다.

마케팅 부장 : 예, 잘 알겠습니다. 그 부분에 대해서는 조금 더 논의가 필요할 것 같습니다. 검토를 해보겠습니다.

14 다음 중 마케팅 부장이 취하는 문제해결 방법은 무엇인가?

① 소프트 어프로치
② 하드 어프로치
③ 퍼실리테이션
④ 비판적 사고

15 다음 중 K회사의 신제품 개발과 관련하여 가장 필요했던 것은 무엇인가?

① 전략적 사고
② 분석적 사고
③ 발상의 전환
④ 내·외부자원의 효과적 활용

16 다음 〈보기〉 중 개인정보에 속하는 것을 모두 고르면?

┌─────────────────────────〈보기〉─────────────────────────┐
│ ㄱ. 가족의 이름   ㄴ. 최종학력   │
│ ㄷ. 보험가입현황   ㄹ. 전과기록   │
└───┘

① ㄱ, ㄷ   ② ㄴ, ㄷ
③ ㄴ, ㄷ, ㄹ   ④ ㄱ, ㄴ, ㄷ, ㄹ

17 하나의 단어로 검색을 하면 검색 결과가 너무 많아져서 이용자가 원하는 정보와 상관없는 것들이 다수 포함된다. 이럴 때 사용할 수 있는 정보검색 연산자에 대한 설명이 옳은 것은?

① * : 두 단어가 모두 포함된 문서를 검색

② ! : 두 단어가 모두 포함되거나, 두 단어 중에서 하나만 포함된 문서를 검색

③ ~ : 기호 다음에 오는 단어는 포함하지 않는 문서를 검색

④ - : 앞, 뒤의 단어가 가깝게 인접해 있는 문서를 검색

18 다음 중 검색엔진의 유형이 아닌 것은?

① 키워드 검색 방식   ② 주제별 검색 방식
③ 통합형 검색 방식   ④ 주관적 검색 방식

19 다음 중 정보를 검색할 때의 주의사항으로 옳지 않은 것은?

① BBS, 뉴스그룹, 메일링 리스트 등도 사용한다.

② 키워드의 선택이 중요하므로 검색어를 구체적으로 입력한다.

③ 검색 결과에 자료가 너무 많으면 결과 내 재검색 기능을 사용한다.

④ 검색한 모든 자료는 신뢰할 수 있으므로 자신의 자료로 계속 사용한다.

20 다음 〈보기〉 중 전자상거래(Electronic Commerce)에 대한 설명으로 옳은 것을 모두 고르면?

┌─────────────〈보기〉─────────────┐
ㄱ. 내가 겪은 경험담도 전자상거래 상품이 될 수 있다.

ㄴ. 인터넷 서점, 홈쇼핑, 홈뱅킹 등도 전자상거래 유형이다.

ㄷ. 개인이 아닌 공공기관이나 정부는 전자상거래를 할 수 없다.

ㄹ. 팩스나 전자우편 등을 이용하면 전자상거래가 될 수 없다.
└────────────────────────────────┘

① ㄱ, ㄴ   ② ㄱ, ㄷ

③ ㄴ, ㄷ   ④ ㄷ, ㄹ

21 다음은 업무 수행 과정에서 발생하는 문제의 유형 3가지를 소개한 자료이다. 유형별로 〈보기〉의 사례를 바르게 연결한 것은?

〈문제의 유형〉	
발생형 문제	현재 직면한 문제로, 어떤 기준에 대하여 일탈 또는 미달함으로써 발생하는 문제이다.
탐색형 문제	탐색하지 않으면 나타나지 않는 문제로, 현재 상황을 개선하거나 효율을 더 높이기 위해 발생하는 문제이다.
설정형 문제	미래지향적인 새로운 과제 또는 목표를 설정하면서 발생하는 문제이다.

┌─────────────〈보기〉─────────────┐
(가) A회사는 초콜릿 과자에서 애벌레로 보이는 곤충 사체가 발견되어 과자 제조과정에 대해 고민하고 있다.

(나) B회사는 점차 다가오는 초고령사회에 대비하여 노인들을 위한 애플리케이션을 개발하기로 했다.

(다) C회사는 현재의 충전지보다 더 많은 전압을 회복시킬 수 있는 충전지를 연구하고 있다.

(라) D회사는 발전하고 있는 드론시대를 위해 드론센터를 건립하기로 결정했다.

(마) E회사는 업무 효율을 높이기 위해 근로시간을 단축하기로 결정했다.

(바) F회사는 올해 개발한 침대에 방사능이 검출되어 안전기준에 부적합 판정을 받았다.
└────────────────────────────────┘

	발생형 문제	탐색형 문제	설정형 문제
①	(가), (바)	(다), (마)	(나), (라)
②	(가), (마)	(나), (라)	(다), (바)
③	(가), (나)	(다), (바)	(라), (마)
④	(가), (나)	(마), (바)	(다), (라)

22 K공사의 사보에서는 최근 업무를 통해 쉽게 발생할 수 있는 논리적 오류를 조심하자는 의미로 제시문과 같이 3가지의 논리적 오류를 소개하였다. 다음 중 3가지 논리적 오류에 해당하지 않는 것은?

> ▶ **권위에 호소하는 오류**
>   – 논지와 직접적인 관련이 없는 권위자의 견해를 신뢰할 때 발생하는 오류
> ▶ **인신공격의 오류**
>   – 주장이나 반박을 할 때 관련된 내용을 근거로 제시하지 않고, 성격이나 지적 수준, 사상, 인종 등과 같이 주장과 무관한 내용을 근거로 사용할 때 발생하는 오류
> ▶ **대중에 호소하는 오류**
>   – 많은 사람들이 생각하거나 선택했다는 이유로 자신의 결론이 옳다고 주장할 때 발생하는 오류

① 최근 조사 결과, 우리 회사의 세탁기는 소비자의 80%가 사용하고 있다는 점에서 성능이 매우 뛰어나다는 것을 알 수 있습니다. 주저하지 마시고 우리 회사 세탁기를 구매해 주시기 바랍니다.

② 인사부 S부장님께 의견을 여쭤보았는데, 우리 다음 도서의 디자인은 A안으로 가는 것이 좋겠어.

③ 최근 일본의 예법을 주제로 한 자료를 보면 알 수 있듯이, 일본인들 대부분은 예의가 바르다고 할 수 있습니다. 따라서 우리 회사의 효도상품을 일본 시장에 진출시킬 필요가 있겠습니다.

④ L사원이 제시한 기획서 내용은 잘못되었다고 생각해. L사원은 평소에 이해심이 없기로 유명하거든.

23 다음 지시사항의 내용으로 적절하지 않은 것은?

> 김사원, 금요일 오후 2시부터 10명의 인·적성검사 합격자의 1차 면접이 진행될 예정입니다. 5층 회의실 사용 예약을 지금 미팅이 끝난 직후 해주시고, 2명씩 5개 조로 구성하여 10분씩 면접을 진행하니 지금 드리는 지원 서류를 참고하시어 수요일 오전까지 5개 조를 구성한 보고서를 저에게 주십시오. 그리고 2명의 면접 위원님께 목요일 오전에 면접 진행에 대해 말씀드려 미리 일정 조정을 완료해 주시기 바랍니다.

① 면접은 10분씩 진행된다.
② 김사원은 수요일 오전까지 보고서를 제출해야 한다.
③ 면접은 금요일 오후에 10명을 대상으로 실시된다.
④ 인·적성검사 합격자는 본인이 몇 조인지 알 수 있다.

24 다음 밑줄 친 마케팅 기법에 대한 설명으로 옳은 것을 〈보기〉에서 모두 고르면?

> 기업들이 신제품을 출시하면서 한정된 수량만 제작 판매하는 한정판 제품을 잇따라 내놓고 있다. 이번 기회가 아니면 더 이상 구입할 수 없다는 메시지를 끊임없이 던지며 소비자의 호기심을 자극하는 <u>마케팅 기법</u>이다. K자동차 회사는 가죽 시트와 일부 외형이 기존 제품과 다른 모델을 8,000대 한정 판매하였는데, 단기간에 매진을 기록하였다.

〈보기〉
㉠ 소비자의 충동 구매를 유발하기 쉽다.
㉡ 이윤 증대를 위한 경영 혁신의 한 사례이다.
㉢ 의도적으로 공급의 가격탄력성을 크게 하는 방법이다.
㉣ 소장 가치가 높은 상품을 대상으로 하면 더 효과적이다.

① ㉠, ㉡
② ㉠, ㉢
③ ㉠, ㉡, ㉣
④ ㉡, ㉢, ㉣

25 같은 말이나 행동도 나라에 따라서 다르게 받아들여질 수 있기 때문에 직업인은 국제 매너를 갖춰야 한다. 다음 중 올바른 국제 매너에 대한 사례를 〈보기〉에서 모두 고르면?

〈보기〉
㉠ 미국 바이어와 악수를 할 때는 눈이나 얼굴을 보면서 손끝만 살짝 잡거나, 왼손으로 상대방의 왼손을 힘주어서 잡았다가 놓아야 한다.
㉡ 이라크 사람들은 시간을 돈과 같이 생각해서 시간엄수를 중요하게 생각하므로 약속 시간에 늦지 않게 주의해야 한다.
㉢ 러시아와 라틴아메리카 사람들은 친밀함의 표시로 포옹을 한다.
㉣ 명함은 받으면 구기거나 계속 만지지 않고, 한 번 보고 나서 탁자 위에 보이는 채로 대화를 하거나 명함집에 넣는다.
㉤ 수프는 바깥쪽에서 몸 쪽으로 숟가락을 사용한다.
㉥ 생선요리는 뒤집어 먹지 않는다.
㉦ 빵은 아무 때나 먹어도 관계없다.

① ㉠, ㉢, ㉣
② ㉡, ㉢, ㉣
③ ㉢, ㉣, ㉥
④ ㉣, ㉤, ㉥

코레일네트웍스
인성검사 + 면접

인성검사 가이드

01 인성검사란?

개인이 업무를 수행하면서 능률적인 성과물을 만들기 위해서는 개인의 능력과 경험 그리고 회사의 교육 및 훈련 등이 필요하지만, 개인의 성격이나 성향 역시 중요합니다. 여러 직무분석 연구를 통해 나온 결과에 따르면, 직무에서의 성공과 관련된 특성 중 70% 이상이 능력보다는 성격과 관련이 있다고 합니다. 따라서 최근 기업 및 공공기관에서는 인성검사의 비중을 높이고 있는 추세입니다.

현재 기업 및 공공기관은 인성검사를 KIRBS(한국행동과학연구소)나 SHR(에스에이치알) 등의 전문기관에 의뢰해서 시행하고 있습니다. 전문기관에 따라서 인성검사 방법에 차이가 있고, 보안을 위해서 인성검사를 의뢰한 기업 및 공공기관을 공개하지 않을 수 있기 때문에 특정 기업 및 공공기관의 인성검사를 정확하게 판단할 수 없지만, 지원자들이 후기에 올린 문제를 통해 인성검사 유형을 예상할 수 있습니다.

여기에서는 코레일네트웍스의 개인성향 진단평가와 수검요령 및 검사 시 유의사항에 대해 간략하게 정리하였으며, 모의연습을 통해 실제 시험 유형을 확인할 수 있도록 하였습니다.

> 코레일네트웍스 인성검사
> 문항 수 : 200문항 / 30분
> 유형 : 본인과 가장 일치하는 항목 표기 유형, 본인의 선호도(혈액형, 색, 도형 등)를 묻는 유형 등

02 인성검사 수검요령

인성검사에 대한 특별한 수검 기법은 없습니다. 인성검사에서 문제를 어떻게 잘 풀 것인가 하는 차원과는 달리 자신의 상태나 경험에 입각하여 자신을 솔직하게 그대로 표현하는 것이 가장 좋습니다. 인성검사에 의한 성격 분석은 장점과 단점이라는 양면을 나타냅니다. 예를 들어, 민감성에서의 득점이 높으면 섬세하고 배려심이 있다는 장점과 걱정이 많고 자신감이 없다는 단점이 있고, 독자성에서의 득점이 높으면 신념이 있고 독창적이라는 장점과 융통성이 없다는 단점이 있는 것입니다. 면접 담당자는 각 항목 중에서 특히 득점이 극단적으로 높거나 낮은 특징적인 부분에 대해서 질문하게 되는데, 이는 그 특징적인 부분이 장점으로 나타나기 쉬운지 단점으로 나타나기 쉬운지를 확인하기 위한 것입니다. 그러므로 극단적인 득점을 보이는 항목에 대해서는 단점을 보완하는 응답을 준비해야 합니다. 즉, 어떻게 자신의 상태를 정확히 표현할 수 있느냐가 수검 요령이 되겠으며, 그 일반적인 요령에는 다음과 같은 것이 있습니다.

❶ 인성검사를 소홀히 대하지 말자.

인성검사의 결과 중에서 정신건강(정서안정성, 감정통제력, 신경질 경향)에 관한 측면은 전형 사정 시 매우 중요시되고 있습니다. 다른 평가 요인에 대한 결과가 아무리 좋고 바람직한 결과를 얻었더라도, 심지어 서류전형이나 필기전형 등에서 좋은 결과를 얻은 지원자라 할지라도 정신건강 측면에 대한 결과가 바람직하지 못하면 탈락될 정도로 중요시되고 있는 추세입니다. 따라서 사전에 자기 자신의 내면적인 측면을 정확히 파악해야 합니다.

❷ 평소의 경험과 선호도를 자연스럽게 답하자.

검사의 내용들은 대개 평소 우리가 경험하는 내용에 관한 짧은 진술문과 어떤 대상에 대한 선호를 묻는 내용으로 구성된 진술문 형식으로 되어 있으므로 시험이라고 생각하지 말고 그냥 평소의 경험과 선호도에 따라 자연스럽게 답하는 것이 좋습니다. 또한, 상식적인 반응을 묻는 문항에는 너무 민감하게 반응하지 말고 솔직하게 답할 필요가 있습니다. 자칫 검사 무효화의 결과를 초래할 수도 있기 때문입니다.

❸ 수험 전날이나 수험기간 동안에 음주나 지나친 운동 등을 삼가자.

심신이 지쳐 있으면 심약한 생각을 갖기 쉽습니다. 신체적으로나 정신적으로 충분한 휴식을 취하고 심리적으로 안정된 상태에서 검사에 임해야 자신을 정확히 나타낼 수 있습니다.

❹ 검사시간에 너무 신경 쓰지 말자.

시간제한이 없거나 충분한 시간이 주어지기 때문에 남보다 빨리 하려고 한다든가 다른 사람의 퇴실에 신경 쓸 필요가 없습니다.

❺ 각 진술문에 대하여 너무 골똘히 생각하거나 불필요한 생각을 하지 말자.

지나친 생각은 자신을 잘못 표현하기 쉽게 만들고, 불필요한 생각은 검사의 타당도・신뢰도 등에 좋지 않은 영향을 미칠 수 있습니다.

❻ 솔직하게 표현하자.

대개의 인성검사 문항은 피검사자의 솔직성을 알 수 있게 제작되어 있습니다. 자칫 솔직성이 너무 결여될 경우에는 검사자체가 무효화되어 불이익을 받을 수 있습니다.

❼ 비교적 일관성 있게 답하자.

이는 솔직성과 일맥상통합니다. 하지만 너무 일관성에 치우친 생각은 검사 자체를 다른 방향으로 이끌 수 있다는 것을 유념해야 합니다.

❽ 마지막 문항까지 최선을 다하자.

한 문항도 빠뜨리지 말고 전체 문항에 대해 자신의 의견을 답하는 것이 매우 중요합니다. 각 문항을 깊이 있게 분석하면서 풀어나갈 것이 아니라 직감적으로 선택해서 자신의 색깔을 명확히 표현하는 것이 좋은 결과를 얻을 수 있습니다. 모든 문항은 평가 결과와 밀접한 관련이 있기 때문에 응답하지 않은 문항이 많으면 검사 자체를 무효로 처리되거나 불리한 평가를 받을 수 있으므로 주의해야 합니다.

❾ 사전에 검사를 받아보자.

검사 대행업체나 학교의 학생생활연구소와 같은 곳을 이용하여 사전에 검사를 받아보는 것도 좋은 방법입니다. 검사의 유형을 미리 경험해봄으로써 자신감을 얻을 수 있고 성격상 바람직하지 않은 결과를 얻은 요인에 대해서 사전에 끊임없는 노력으로 개선할 수 있기 때문입니다.

03 인성검사 모의연습

인성검사는 정신의학에 의한 성격분석검사를 기초로 한 일종의 심리테스트로 이를 통해 지원자의 성격이나 흥미, 대인관계 등을 분석합니다. 검사결과에는 지원자가 자각하고 있는 부분도, 자각하지 못한 부분도 나타나기 때문에 자각하고 싶지 않은 성격까지 면접담당자는 모두 파악할 수 있습니다.

만약 면접 시 면접담당자가 지원자의 성격을 파악하고 있는데 정작 지원자가 자기의 성격을 파악하지 못했다면 전적으로 불리하게 됩니다. 그러나 인성검사의 결과를 참고로 지원자가 자기의 성격을 파악하여 질문의 내용을 예측한다면 장점은 살리고, 단점을 보완하는 응답이 가능하게 될 것입니다.

사람의 성격은 쉽게 변하지 않지만, 장점과 단점을 파악하여 자신을 매력적으로 어필하는 것은 가능합니다. 성격을 파악하지 않고 그저 자신을 드러내는 것은 오히려 면접에서 인성검사와의 모순을 스스로 증명하는 것이라는 사실을 기억하시기 바랍니다.

※ 아래 문항을 읽고 평소 자신의 모습이나 생각과 가장 일치하는 응답 하나에 체크하십시오. [1~200]

번호	질문	전혀 아니다	약간 아니다	보통 이다	약간 그렇다	매우 그렇다
1	남의 생일이나 명절 때 선물을 사러 다니는 일이 귀찮게 느껴진다.	①	②	③	④	⑤
2	조심스러운 성격이라고 생각한다.	①	②	③	④	⑤
3	사물을 신중하게 생각하는 편이다.	①	②	③	④	⑤
4	동작이 기민한 편이다.	①	②	③	④	⑤
5	포기하지 않고 노력하는 것이 중요하다.	①	②	③	④	⑤
6	혼자 하는 일이 더 편하다.	①	②	③	④	⑤
7	노력의 여하보다 결과가 중요하다.	①	②	③	④	⑤
8	자기주장이 강하다.	①	②	③	④	⑤
9	장래의 일을 생각하면 불안해질 때가 있다.	①	②	③	④	⑤
10	소외감을 느낄 때가 있다.	①	②	③	④	⑤
11	푸념을 한 적이 없다.	①	②	③	④	⑤
12	남과 친해지려면 용기가 필요하다.	①	②	③	④	⑤
13	통찰력이 있다고 생각한다.	①	②	③	④	⑤
14	집에서 가만히 있으면 기분이 우울해진다.	①	②	③	④	⑤
15	매사에 느긋하고 차분하게 대처한다.	①	②	③	④	⑤

번호	질문	전혀 아니다	약간 아니다	보통 이다	약간 그렇다	매우 그렇다
16	좋은 생각이 떠올라도 실행하기 전에 여러모로 검토한다.	①	②	③	④	⑤
17	누구나 권력자를 동경하고 있다고 생각한다.	①	②	③	④	⑤
18	몸으로 부딪혀 도전하는 편이다.	①	②	③	④	⑤
19	당황하면 갑자기 땀이 나서 신경 쓰일 때가 있다.	①	②	③	④	⑤
20	친구들은 나를 진지한 사람으로 생각하고 있다.	①	②	③	④	⑤
21	감정적으로 될 때가 많다.	①	②	③	④	⑤
22	다른 사람의 일에 관심이 없다.	①	②	③	④	⑤
23	다른 사람으로부터 지적받는 것은 싫다.	①	②	③	④	⑤
24	지루하면 마구 떠들고 싶어진다.	①	②	③	④	⑤
25	남들이 침착하다고 한다.	①	②	③	④	⑤
26	혼자 있는 것을 좋아한다.	①	②	③	④	⑤
27	한 자리에 가만히 있는 것을 싫어한다.	①	②	③	④	⑤
28	시간이 나면 주로 자는 편이다.	①	②	③	④	⑤
29	조용한 것보다는 활동적인 것이 좋다.	①	②	③	④	⑤
30	맡은 분야에서 항상 최고가 되려고 한다.	①	②	③	④	⑤
31	하루 종일 책상 앞에 앉아 있어도 지루해하지 않는 편이다.	①	②	③	④	⑤
32	알기 쉽게 요점을 정리한 다음 남에게 잘 설명하는 편이다.	①	②	③	④	⑤
33	생물 시간보다는 미술 시간에 흥미가 있다.	①	②	③	④	⑤
34	남이 자신에게 상담을 해오는 경우가 많다.	①	②	③	④	⑤
35	친목회나 송년회 등에서 총무 역할을 좋아하는 편이다.	①	②	③	④	⑤
36	실패하든 성공하든 그 원인은 꼭 분석한다.	①	②	③	④	⑤
37	실내 장식품이나 액세서리 등에 관심이 많다.	①	②	③	④	⑤
38	남에게 보이기 좋아하고 지기 싫어하는 편이다.	①	②	③	④	⑤
39	대자연 속에서 마음대로 몸을 움직이는 일이 좋다.	①	②	③	④	⑤
40	회식이나 모임에서 자연스럽게 돌아다니며 인사하는 성격이다.	①	②	③	④	⑤

번호	질문	전혀 아니다	약간 아니다	보통 이다	약간 그렇다	매우 그렇다
41	자신의 장래에 대해 자주 생각해본다.	①	②	③	④	⑤
42	혼자 있는 것에 익숙하다.	①	②	③	④	⑤
43	별 근심이 없다.	①	②	③	④	⑤
44	나의 환경에 아주 만족한다.	①	②	③	④	⑤
45	상품을 고를 때 디자인과 색에 신경을 많이 쓴다.	①	②	③	④	⑤
46	카리스마가 있다는 말을 들어본 적이 있다.	①	②	③	④	⑤
47	외출할 때 날씨가 좋지 않아도 그다지 신경을 쓰지 않는다.	①	②	③	④	⑤
48	손님을 불러들이는 호객행위도 마음만 먹으면 할 수 있을 것 같다.	①	②	③	④	⑤
49	신중하고 주의 깊은 편이다.	①	②	③	④	⑤
50	잘못된 부분을 보면 그냥 지나치지 못한다.	①	②	③	④	⑤
51	사놓고 쓰지 않는 물건이 많이 있다.	①	②	③	④	⑤
52	마음에 들지 않는 사람은 만나지 않으려고 노력한다.	①	②	③	④	⑤
53	스트레스 관리를 잘한다.	①	②	③	④	⑤
54	악의 없이 한 말에도 화를 낸다.	①	②	③	④	⑤
55	자신을 비난하는 사람은 피하는 편이다.	①	②	③	④	⑤
56	깨끗이 정돈된 상태를 좋아한다.	①	②	③	④	⑤
57	기분에 따라 목적지를 바꾼다.	①	②	③	④	⑤
58	다른 사람들의 주목을 받는 것을 좋아한다.	①	②	③	④	⑤
59	타인의 충고를 받아들이는 편이다.	①	②	③	④	⑤
60	이유 없이 기분이 우울해질 때가 있다.	①	②	③	④	⑤
61	감정을 표현하는 것은 헛된 일이라고 생각한다.	①	②	③	④	⑤
62	영화를 보고 운 적이 많다.	①	②	③	④	⑤
63	남을 도와주다가 내 일을 끝내지 못한 적이 있다.	①	②	③	④	⑤
64	누가 시키지 않아도 스스로 일을 찾아서 한다.	①	②	③	④	⑤
65	다른 사람이 바보라고 생각되는 경우가 있다.	①	②	③	④	⑤

번호	질문	전혀 아니다	약간 아니다	보통 이다	약간 그렇다	매우 그렇다
66	부모에게 불평을 한 적이 한 번도 없다.	①	②	③	④	⑤
67	내성적이라고 생각한다.	①	②	③	④	⑤
68	돌다리도 두드리고 건너는 타입이라고 생각한다.	①	②	③	④	⑤
69	굳이 말하자면 시원시원한 성격이다.	①	②	③	④	⑤
70	나는 끈기가 강하다.	①	②	③	④	⑤
71	어떠한 일에 쉽게 구애받는 편이며 장인의식도 강하다.	①	②	③	④	⑤
72	우리나라 분재를 파리에서 파는 방법 따위를 생각하기 좋아한다.	①	②	③	④	⑤
73	종일 돌아다녀도 그다지 피곤을 느끼지 않는다.	①	②	③	④	⑤
74	컴퓨터의 키보드 조작도 연습하면 잘할 수 있을 것 같다.	①	②	③	④	⑤
75	자동차나 모터보트 등의 운전에 흥미를 갖고 있다.	①	②	③	④	⑤
76	인기 연예인의 인기비결을 곧잘 생각해 본다.	①	②	③	④	⑤
77	과자나 빵을 판매하는 일보다 만드는 일이 나에게 맞을 것 같다.	①	②	③	④	⑤
78	대체로 걱정하거나 고민하지 않는다.	①	②	③	④	⑤
79	비판적인 말을 들어도 쉽게 상처받지 않는다.	①	②	③	④	⑤
80	초등학교 선생님보다는 등대지기가 더 재미있을 것 같다.	①	②	③	④	⑤
81	규정을 어떤 경우에도 지켜야 한다.	①	②	③	④	⑤
82	보고 들은 것을 문장으로 옮기는 것을 좋아한다.	①	②	③	④	⑤
83	남에게 뭔가 가르쳐주는 일이 좋다.	①	②	③	④	⑤
84	창의적 업무보다 계획되고 반복적인 업무가 적성에 맞다.	①	②	③	④	⑤
85	나이 차가 많은 사람과도 잘 어울린다.	①	②	③	④	⑤
86	전표 계산 또는 장부 기입 같은 일을 싫증내지 않고 할 수 있다.	①	②	③	④	⑤
87	책이나 신문을 열심히 읽는 편이다.	①	②	③	④	⑤
88	신경이 예민한 편이며, 감수성도 예민하다.	①	②	③	④	⑤
89	연회석에서 망설임 없이 노래를 부르거나 장기를 보이는 편이다.	①	②	③	④	⑤
90	즐거운 캠프를 위해 계획 세우기를 좋아한다.	①	②	③	④	⑤

번호	질문	전혀 아니다	약간 아니다	보통 이다	약간 그렇다	매우 그렇다
91	데이터를 분류하거나 통계내는 일을 싫어하지는 않는다.	①	②	③	④	⑤
92	드라마나 소설 속의 등장인물의 생활과 사고방식에 흥미가 있다.	①	②	③	④	⑤
93	자신의 미적 표현력을 살리면 상당히 좋은 작품이 나올 것 같다.	①	②	③	④	⑤
94	화려한 것을 좋아하며 주위의 평판에 신경을 쓰는 편이다.	①	②	③	④	⑤
95	여럿이서 여행할 기회가 있다면 즐겁게 참가한다.	①	②	③	④	⑤
96	여행 소감을 쓰는 것을 좋아한다.	①	②	③	④	⑤
97	상품전시회에서 상품 설명을 한다면 잘할 수 있을 것 같다.	①	②	③	④	⑤
98	변화가 적고 손이 많이 가는 일도 꾸준히 하는 편이다.	①	②	③	④	⑤
99	신제품 홍보에 흥미가 있다.	①	②	③	④	⑤
100	열차 시간표 한 페이지 정도라면 정확하게 옮겨 쓸 자신이 있다.	①	②	③	④	⑤
101	이성적인 사람 밑에서 일하고 싶다.	①	②	③	④	⑤
102	작은 소리에도 신경이 쓰인다.	①	②	③	④	⑤
103	미래에 대한 고민이 많다.	①	②	③	④	⑤
104	컨디션에 따라 행동한다.	①	②	③	④	⑤
105	항상 규칙적으로 생활한다.	①	②	③	④	⑤
106	다소 감정적이라고 생각한다.	①	②	③	④	⑤
107	다른 사람의 의견을 잘 수긍하는 편이다.	①	②	③	④	⑤
108	결심을 하더라도 생각을 바꾸는 일이 많다.	①	②	③	④	⑤
109	다시는 떠올리고 싶지 않은 기억이 있다.	①	②	③	④	⑤
110	과거를 잘 생각하는 편이다.	①	②	③	④	⑤
111	평소 감정이 메마른 것 같다는 생각을 한다.	①	②	③	④	⑤
112	가끔 하늘을 올려다 본다.	①	②	③	④	⑤
113	생각조차 하기 싫은 사람이 있다.	①	②	③	④	⑤
114	멍하니 있는 경우가 많다.	①	②	③	④	⑤
115	잘하지 못하는 것이라도 자진해서 한다.	①	②	③	④	⑤

번호	질문	전혀 아니다	약간 아니다	보통 이다	약간 그렇다	매우 그렇다
116	가만히 있지 못할 정도로 불안해질 때가 많다.	①	②	③	④	⑤
117	자주 깊은 생각에 잠긴다.	①	②	③	④	⑤
118	이유도 없이 다른 사람과 부딪힐 때가 있다.	①	②	③	④	⑤
119	타인의 일에는 별로 관여하고 싶지 않다고 생각한다.	①	②	③	④	⑤
120	무슨 일이든 자신을 가지고 행동한다.	①	②	③	④	⑤
121	유명인과 서로 아는 사람이 되고 싶다.	①	②	③	④	⑤
122	지금까지 후회를 한 적이 없다.	①	②	③	④	⑤
123	언제나 생기가 있다.	①	②	③	④	⑤
124	무슨 일이든 생각해 보지 않으면 만족하지 못한다.	①	②	③	④	⑤
125	다소 무리를 하더라도 피로해지지 않는다.	①	②	③	④	⑤
126	굳이 말하자면 장거리 주자에 어울린다고 생각한다.	①	②	③	④	⑤
127	여행을 가기 전에는 세세한 계획을 세운다.	①	②	③	④	⑤
128	능력을 살릴 수 있는 일을 하고 싶다.	①	②	③	④	⑤
129	관심 분야가 자주 바뀐다.	①	②	③	④	⑤
130	인생에서 중요한 것은 높은 목표를 갖는 것이다.	①	②	③	④	⑤
131	부끄러움을 잘 탄다.	①	②	③	④	⑤
132	상상력이 풍부하다.	①	②	③	④	⑤
133	자신을 자신감 있게 표현할 수 있다.	①	②	③	④	⑤
134	열등감은 좋지 않다고 생각한다.	①	②	③	④	⑤
135	후회하는 일이 전혀 없다.	①	②	③	④	⑤
136	매사를 태평하게 보는 편이다.	①	②	③	④	⑤
137	한 번 시작한 일은 끝을 맺는다.	①	②	③	④	⑤
138	행동으로 옮기기까지 시간이 걸린다.	①	②	③	④	⑤
139	다른 사람들이 하지 못하는 일을 하고 싶다.	①	②	③	④	⑤
140	해야 할 일은 신속하게 처리한다.	①	②	③	④	⑤

번호	질문	전혀 아니다	약간 아니다	보통 이다	약간 그렇다	매우 그렇다
141	병이 아닌지 걱정이 들 때가 있다.	①	②	③	④	⑤
142	다른 사람의 충고를 기분 좋게 듣는 편이다.	①	②	③	④	⑤
143	다른 사람에게 의존적일 때가 많다.	①	②	③	④	⑤
144	타인에게 간섭받는 것은 싫다.	①	②	③	④	⑤
145	자의식 과잉이라는 생각이 들 때가 있다.	①	②	③	④	⑤
146	수다를 좋아한다.	①	②	③	④	⑤
147	잘못된 일을 한 적이 한 번도 없다.	①	②	③	④	⑤
148	모르는 사람과 이야기하는 것은 용기가 필요하다.	①	②	③	④	⑤
149	끙끙거리며 생각할 때가 있다.	①	②	③	④	⑤
150	다른 사람에게 항상 움직이고 있다는 말을 듣는다.	①	②	③	④	⑤
151	매사에 얽매인다.	①	②	③	④	⑤
152	잘하지 못하는 게임은 하지 않으려고 한다.	①	②	③	④	⑤
153	어떠한 일이 있어도 출세하고 싶다.	①	②	③	④	⑤
154	막무가내라는 말을 들을 때가 많다.	①	②	③	④	⑤
155	신경이 예민한 편이라고 생각한다.	①	②	③	④	⑤
156	쉽게 침울해진다.	①	②	③	④	⑤
157	쉽게 싫증을 내는 편이다.	①	②	③	④	⑤
158	옆에 사람이 있으면 싫다.	①	②	③	④	⑤
159	토론에서 이길 자신이 있다.	①	②	③	④	⑤
160	친구들과 남의 이야기를 하는 것을 좋아한다.	①	②	③	④	⑤
161	전망을 세우고 행동할 때가 많다.	①	②	③	④	⑤
162	일에는 결과가 중요하다고 생각한다.	①	②	③	④	⑤
163	활력이 있다.	①	②	③	④	⑤
164	항상 천재지변을 당하지 않을까 걱정하고 있다.	①	②	③	④	⑤
165	때로는 후회할 때도 있다.	①	②	③	④	⑤

번호	질문	전혀 아니다	약간 아니다	보통 이다	약간 그렇다	매우 그렇다
166	다른 사람에게 위해를 가할 것 같은 기분이 든 때가 있다.	①	②	③	④	⑤
167	진정으로 마음을 허락할 수 있는 사람은 없다.	①	②	③	④	⑤
168	기다리는 것에 짜증내는 편이다.	①	②	③	④	⑤
169	친구들로부터 줏대 없는 사람이라는 말을 듣는다.	①	②	③	④	⑤
170	사물을 과장해서 말한 적은 없다.	①	②	③	④	⑤
171	인간관계가 폐쇄적이라는 말을 듣는다.	①	②	③	④	⑤
172	매사에 신중한 편이라고 생각한다.	①	②	③	④	⑤
173	눈을 뜨면 바로 일어난다.	①	②	③	④	⑤
174	난관에 봉착해도 포기하지 않고 열심히 해본다.	①	②	③	④	⑤
175	실행하기 전에 재확인할 때가 많다.	①	②	③	④	⑤
176	리더로서 인정을 받고 싶다.	①	②	③	④	⑤
177	어떤 일이 있어도 의욕을 가지고 열심히 하는 편이다.	①	②	③	④	⑤
178	다른 사람의 감정에 민감하다.	①	②	③	④	⑤
179	다른 사람들이 남을 배려하는 마음씨가 있다는 말을 한다.	①	②	③	④	⑤
180	사소한 일로 우는 일이 많다.	①	②	③	④	⑤
181	반대에 부딪혀도 자신의 의견을 바꾸는 일은 없다.	①	②	③	④	⑤
182	누구와도 편하게 이야기할 수 있다.	①	②	③	④	⑤
183	가만히 있지 못할 정도로 침착하지 못할 때가 있다.	①	②	③	④	⑤
184	다른 사람을 싫어한 적은 한 번도 없다.	①	②	③	④	⑤
185	그룹 내에서는 누군가의 주도하에 따라가는 경우가 많다.	①	②	③	④	⑤
186	차분하다는 말을 듣는다.	①	②	③	④	⑤
187	스포츠 선수가 되고 싶다고 생각한 적이 있다.	①	②	③	④	⑤
188	모두가 싫증을 내는 일도 혼자서 열심히 한다.	①	②	③	④	⑤
189	휴일은 세부적인 계획을 세우고 보낸다.	①	②	③	④	⑤
190	완성된 것보다 미완성인 것에 흥미가 있다.	①	②	③	④	⑤

번호	질문	전혀 아니다	약간 아니다	보통 이다	약간 그렇다	매우 그렇다
191	훌쩍 여행을 떠나고 싶을 때가 자주 있다.	①	②	③	④	⑤
192	대인관계가 귀찮다고 느낄 때가 있다.	①	②	③	④	⑤
193	자신의 권리를 주장하는 편이다.	①	②	③	④	⑤
194	낙천가라고 생각한다.	①	②	③	④	⑤
195	싸움을 한 적이 없다.	①	②	③	④	⑤
196	자신의 의견을 상대에게 잘 주장하지 못한다.	①	②	③	④	⑤
197	좀처럼 결단하지 못하는 경우가 있다.	①	②	③	④	⑤
198	하나의 취미를 오래 지속하는 편이다.	①	②	③	④	⑤
199	한 번 시작한 일은 반드시 마무리한다.	①	②	③	④	⑤
200	내 방식대로 일하는 편이 좋다.	①	②	③	④	⑤

면접 가이드

01 면접유형 파악

1. 면접전형의 변화

기존 면접전형에서는 일상적이고 단편적인 대화나 지원자의 첫인상 및 면접관의 주관적인 판단 등에 의해서 입사 결정 여부를 판단하는 경우가 많았습니다. 이러한 면접전형은 면접 내용의 일관성이 결여되거나 직무 관련 타당성이 부족하였고, 면접에 대한 신뢰도에 영향을 주었습니다.

기존 면접(전통적 면접)		능력중심 채용 면접(구조화 면접)

• 일상적이고 단편적인 대화
• 인상, 외모 등 외부 요소의 영향
• 주관적인 판단에 의존한 총점 부여
 	
⇩
 	
• 면접 내용의 일관성 결여
• 직무관련 타당성 부족
• 주관적인 채점으로 신뢰도 저하
	VS	• 일관성
		  – 직무관련 역량에 초점을 둔 구체적 질문 목록
		  – 지원자별 동일 질문 적용
		• 구조화
		  – 면접 진행 및 평가 절차를 일정한 체계에 의해 구성
		• 표준화
		  – 평가 타당도 제고를 위한 평가 Matrix 구성
		  – 척도에 따라 항목별 채점, 개인 간 비교
		• 신뢰성
		  – 면접진행 매뉴얼에 따라 면접위원 교육 및 실습

2. 능력중심 채용의 면접 유형

① 경험 면접
  • 목적 : 선발하고자 하는 직무 능력이 필요한 과거 경험을 질문합니다.
  • 평가요소 : 직업기초능력과 인성 및 태도적 요소를 평가합니다.

② 상황 면접
  • 목적 : 특정 상황을 제시하고 지원자의 행동을 관찰함으로써 실제 상황의 행동을 예상합니다.
  • 평가요소 : 직업기초능력과 인성 및 태도적 요소를 평가합니다.

③ 발표 면접
  • 목적 : 특정 주제와 관련된 지원자의 발표와 질의응답을 통해 지원자의 역량을 평가합니다.
  • 평가요소 : 직무수행능력과 인지적 역량(문제해결능력)을 평가합니다.

④ 토론 면접
  • 목적 : 토의과제에 대한 의견수렴 과정에서 지원자의 역량과 상호작용능력을 평가합니다.
  • 평가요소 : 직무수행능력과 팀워크를 평가합니다.

1. 경험 면접

① 경험 면접의 특징

• 주로 직업기초능력에 관련된 지원자의 과거 경험을 심층 질문하여 검증하는 면접입니다.

> • 능력요소, 정의, 심사 기준
> – 평가하고자 하는 능력요소, 정의, 심사기준을 확인하여 면접위원이 해당 능력요소 관련 질문을 제시합니다.
> • Opening Question
> – 능력요소에 관련된 과거 경험을 유도하기 위한 시작 질문을 합니다.
> • Follow-up Question
> – 지원자의 경험 수준을 구체적으로 검증하기 위한 질문입니다.
> – 경험 수준 검증을 위한 상황(Situation), 임무(Task), 역할 및 노력(Action), 결과(Result) 등으로 질문을 구분합니다.

경험 면접의 형태

[면접관 1]　[면접관 2]　[면접관 3]

[면접관 1]　[면접관 2]　[면접관 3]

[지원자]

〈일대다 면접〉

[지원자 1]　[지원자 2]　[지원자 3]

〈다대다 면접〉

• 직무능력 관련한 과거 경험을 평가하기 위해 심층 질문을 하며, 이 질문은 지원자의 답변에 대하여 '꼬리에 꼬리를 무는 형식'으로 진행됩니다.

② 경험 면접의 구조

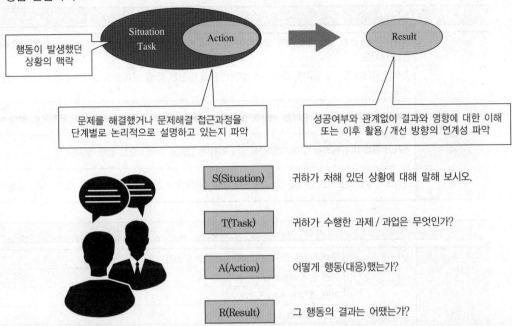

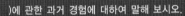

S(Situation) 귀하가 처해 있던 상황에 대해 말해 보시오.

T(Task) 귀하가 수행한 과제 / 과업은 무엇인가?

A(Action) 어떻게 행동(대응)했는가?

R(Result) 그 행동의 결과는 어땠는가?

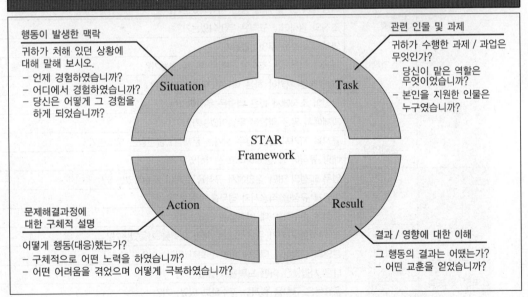

③ 경험 면접 질문 예시(직업윤리)

시작 질문	
1	남들이 신경 쓰지 않는 부분까지 고려하여 절차대로 업무(연구)를 수행하여 성과를 낸 경험을 구체적으로 말해 보시오.
2	조직의 원칙과 절차를 철저히 준수하며 업무(연구)를 수행한 것 중 성과를 향상시킨 경험에 대해 구체적으로 말해 보시오.
3	세부적인 절차와 규칙에 주의를 기울여 실수 없이 업무(연구)를 마무리한 경험을 구체적으로 말해 보시오.
4	조직의 규칙이나 원칙을 고려하여 성실하게 일했던 경험을 구체적으로 말해 보시오.
5	타인의 실수를 바로잡고 원칙과 절차대로 수행하여 성공적으로 업무를 마무리하였던 경험에 대해 말해 보시오.

후속 질문		
상황 (Situation)	상황	구체적으로 언제, 어디에서 경험한 일인가?
		어떤 상황이었는가?
	조직	어떤 조직에 속해 있었는가?
		그 조직의 특성은 무엇이었는가?
		몇 명으로 구성된 조직이었는가?
	기간	해당 조직에는 얼마나 일했는가?
		해당 업무는 몇 개월 동안 지속되었는가?
	조직규칙	조직의 원칙이나 규칙은 무엇이었는가?
임무 (Task)	과제	과제의 목표는 무엇이었는가?
		과제에 적용되는 조직의 원칙은 무엇이었는가?
		그 규칙을 지켜야 하는 이유는 무엇이었는가?
	역할	당신이 조직에서 맡은 역할은 무엇이었는가?
		과제에서 맡은 역할은 무엇이었는가?
	문제의식	규칙을 지키지 않을 경우 생기는 문제점 / 불편함은 무엇인가?
		해당 규칙이 왜 중요하다고 생각하였는가?
역할 및 노력 (Action)	행동	업무 과정의 어떤 장면에서 규칙을 철저히 준수하였는가?
		어떻게 규정을 적용시켜 업무를 수행하였는가?
		규정은 준수하는 데 어려움은 없었는가?
	노력	그 규칙을 지키기 위해 스스로 어떤 노력을 기울였는가?
		본인의 생각이나 태도에 어떤 변화가 있었는가?
		다른 사람들은 어떤 노력을 기울였는가?
	동료관계	동료들은 규칙을 철저히 준수하고 있었는가?
		팀원들은 해당 규칙에 대해 어떻게 반응하였는가?
		규칙에 대한 태도를 개선하기 위해 어떤 노력을 하였는가?
		팀원들의 태도는 당신에게 어떤 자극을 주었는가?
	업무추진	주어진 업무를 추진하는 데 규칙이 방해되진 않았는가?
		업무수행 과정에서 규정을 어떻게 적용하였는가?
		업무 시 규정을 준수해야 한다고 생각한 이유는 무엇인가?

결과 (Result)	평가	규칙을 어느 정도나 준수하였는가?
		그렇게 준수할 수 있었던 이유는 무엇이었는가?
		업무의 성과는 어느 정도였는가?
		성과에 만족하였는가?
		비슷한 상황이 온다면 어떻게 할 것인가?
	피드백	주변 사람들로부터 어떤 평가를 받았는가?
		그러한 평가에 만족하는가?
		다른 사람에게 본인의 행동이 영향을 주었다고 생각하는가?
	교훈	업무수행 과정에서 중요한 점은 무엇이라고 생각하는가?
		이 경험을 통해 느낀 바는 무엇인가?

2. 상황 면접

① 상황 면접의 특징

직무 관련 상황을 가정하여 제시하고 이에 대한 대응능력을 직무관련성 측면에서 평가하는 면접입니다.

- 상황 면접 과제의 구성은 크게 2가지로 구분
  - 상황 제시(Description) / 문제 제시(Question or Problem)
- 현장의 실제 업무 상황을 반영하여 과제를 제시하므로 직무분석이나 직무전문가 워크숍 등을 거쳐 현장성을 높임
- 문제는 상황에 대한 기본적인 이해 능력(이론적 지식)과 함께 실질적 대응이나 변수 고려능력(실천적 능력) 등을 고르게 질문해야 함

상황 면접의 형태

[면접관 1]　[면접관 2]

[연기자 1]　[연기자 2]　　　　　　[면접관 1]　[면접관 2]

[지원자]　　　　　　[지원자 1]　[지원자 2]　[지원자 3]

〈시뮬레이션〉　　　　　　〈문답형〉

② 상황 면접 예시

상황 제시	인천공항 여객터미널 내에는 다양한 용도의 시설(사무실, 통신실, 식당, 전산실, 창고 면세점 등)이 설치되어 있습니다.	실제 업무 상황에 기반함
	금년에 소방배관의 누수가 잦아 메인 배관을 교체하는 공사를 추진하고 있으며, 당신은 이번 공사의 담당자입니다.	배경 정보
	주간에는 공항 운영이 이루어져 주로 야간에만 배관 교체 공사를 수행하던 중, 시공하는 기능공의 실수로 배관 연결 부위를 잘못 건드려 고압배관의 소화수가 누출되는 사고가 발생하였으며, 이로 인해 인근 시설물에는 누수에 의한 피해가 발생하였습니다.	구체적인 문제 상황
문제 제시	일반적인 소방배관의 배관연결(이음)방식과 배관의 이탈(누수)이 발생하는 원인에 대해 설명해 보시오.	문제 상황 해결을 위한 기본 지식 문항
	담당자로서 본 사고를 현장에서 긴급히 처리하는 프로세스를 제시하고, 보수완료 후 사후적 조치가 필요한 부분 및 재발방지 방안에 대해 설명해 보시오.	문제 상황 해결을 위한 추가 대응 문항

3. 발표 면접

① 발표 면접의 특징

- 직무관련 주제에 대한 지원자의 생각을 정리하여 의견을 제시하고, 발표 및 질의응답을 통해 지원자의 직무능력을 평가하는 면접입니다.
- 발표 주제는 직무와 관련된 자료로 제공되며, 일정 시간 후 지원자가 보유한 지식 및 방안에 대한 발표 및 후속 질문을 통해 직무적합성을 평가합니다.

> - 주요 평가요소
>   - 설득적 말하기 / 발표능력 / 문제해결능력 / 직무관련 전문성
> - 이미 언론을 통해 공론화된 시사 이슈보다는 해당 직무분야에 관련된 주제가 발표면접의 과제로 선정되는 경우가 최근 들어 늘어나고 있음
> - 짧은 시간 동안 주어진 과제를 빠른 속도로 분석하여 발표문을 작성하고 제한된 시간 안에 면접관에게 효과적인 발표를 진행하는 것이 핵심

발표 면접의 형태

[면접관 1]　[면접관 2]　　　　　　　　　[면접관 1]　[면접관 2]

[지원자]　　　　　　　　　　[지원자 1]　[지원자 2]　[지원자 3]

〈개별과제 발표〉　　　　　　　　　〈팀 과제 발표〉

※ 면접관에게 시각적 효과를 사용하여 메시지를 전달하는 쌍방향 커뮤니케이션 방식
※ 심층면접을 보완하기 위한 방안으로 최근 많은 기업에서 적극 도입하는 추세

---

② 발표 면접 예시

---

1. 지시문

당신은 현재 A사에서 직원들의 성과평가를 담당하고 있는 팀원이다. 인사팀은 지난주부터 사내 조직문화관련 인터뷰를 하던 도중 성과평가제도에 관련된 개선 니즈가 제일 많다는 것을 알게 되었다. 이에 팀장님은 인터뷰 결과를 종합하려 성과평가제도 개선 아이디어를 A4 용지 1장 이내로 신속 보고할 것을 지시하셨다. 당신에게 남은 시간은 1시간이다. 자료를 준비하는 대로 당신은 팀원들이 모인 회의실에서 5분간 발표할 것이며, 이후 질의응답을 진행할 것이다.

2. 배경자료

〈성과평가제도 개선에 대한 인터뷰〉

최근 A사는 회사 사세의 급성장으로 인해 작년보다 매출이 두 배 성장하였고, 직원 수 또한 두 배로 증가하였다. 회사의 성장은 임금, 복지에 대한 상승 등 긍정적인 영향을 주었으나 업무의 불균형 및 성과보상의 불평등의 문제가 발생하였다. 또한 수시로 입사하는 신입직원과 경력직원, 퇴사하는 직원들까지 인원들의 잦은 변동으로 인해 평가해야 할 대상이 변경되어 현재의 성과평가제도로는 공정한 평가가 어려운 상황이다.

[생산부서 김상호]
우리 팀은 지난 1년 동안 생산량이 급증했기 때문에 수십 명의 신규인력이 급하게 채용되었습니다. 이 때문에 저희 팀장님은 신규 입사자들의 이름조차 기억 못할 때가 많이 있습니다. 성과평가를 제대로 하고 있는지 의문이 듭니다.

[마케팅 부서 김흥민]
개인의 성과평가의 취지는 충분히 이해합니다. 그러나 현재 평가는 실적기반이나 정성적인 평가가 많이 포함되어 있어 객관성과 공정성에는 의문이 드는 것이 사실입니다. 이러한 상황에서 평가 제도를 재수립하지 않고, 인센티브에 계속 반영한다면, 평가제도에 대한 반감이 커질 것이 분명합니다.

[교육부서 홍경민]
현재 교육부서는 인사팀과 밀접하게 일하고 있습니다. 그럼에도 인사팀에서 실시하는 성과평가제도에 대한 이해가 부족한 것 같습니다.

[기획부서 김경호 차장]
저는 저의 평가자 중 하나가 연구부서의 팀장님인데, 일 년에 몇 번 같이 일하지 않는데 어떻게 저를 평가할 수 있을까요? 특히 연구팀은 저희가 예산을 배정하는데, 저에게는 좋지만…

4. 토론 면접

① 토론 면접의 특징
- 다수의 지원자가 조를 편성해 과제에 대한 토론(토의)을 통해 결론을 도출해가는 면접입니다.
- 의사소통능력, 팀워크, 종합인성 등의 평가에 용이합니다.

---

1. 주요 평가요소
   - 설득적 말하기, 경청능력, 팀워크, 종합인성
2. 의견이 대립이 명확한 주제 또는 채용분야의 직무 관련 주요 현안을 주제로 과제 구성
3. 제한된 시간 내 토론을 진행해야 하므로 적극적으로 자신 있게 토론에 임하고 본인의 의견을 개진할 수 있어야 함

토론 면접의 형태

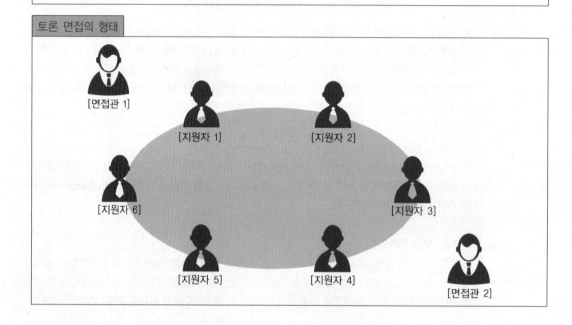

[면접관 1]
[지원자 1]
[지원자 2]
[지원자 6]
[지원자 3]
[지원자 5]
[지원자 4]
[면접관 2]

② 토론 면접 예시

고객 불만 고충처리

1. 들어가며

최근 우리 상품에 대한 고객 불만의 증가로 고객고충처리 TF가 만들어졌고 당신은 여기에 지원해 배치받았다. 당신의 업무는 불만을 가진 고객을 만나서 애로사항을 듣고 처리해 주는 일이다. 주된 업무로는 고객의 니즈를 파악해 방향성을 제시해 주고 그 해결책을 마련하는 일이다. 하지만 경우에 따라서 고객의 주관적인 의견으로 인해 제대로 된 방향으로 의사결정을 하지 못할 때가 있다. 이럴 경우 설득이나 논쟁을 해서라도 의견을 관철시키는 것이 좋을지 아니면 고객의 의견대로 진행하는 것이 좋을지 결정해야 할 때가 있다. 만약 당신이라면 이러한 상황에서 어떤 결정을 내릴 것인지 여부를 자유롭게 토론해 보시오.

2. 1분 자유 발언 시 준비사항

• 당신은 의견을 자유롭게 개진할 수 있으며 이에 따른 불이익은 없습니다.

• 토론의 방향성을 이해하고, 내용의 장점과 단점이 무엇인지 문제를 명확히 말해야 합니다.

• 합리적인 근거에 기초하여 개선방안을 명확히 제시해야 합니다.

• 제시한 방안을 실행 시 예상되는 긍정적·부정적 영향요인도 동시에 고려할 필요가 있습니다.

3. 토론 시 유의사항

• 토론 주제문과 제공해드린 메모지, 볼펜만 가지고 토론장에 입장할 수 있습니다.

• 사회자의 지정 또는 발표자가 손을 들어 발언권을 획득할 수 있으며, 사회자의 통제에 따릅니다.

• 토론회가 시작하면, 팀의 의견과 논거를 정리하여 1분간의 자유발언을 할 수 있습니다. 순서는 사회자가 지정합니다. 이후에는 자유롭게 상대방에게 질문하거나 답변을 하실 수 있습니다.

• 핸드폰, 서적 등 외부 매체는 사용하실 수 없습니다.

• 논제에 벗어나는 발언이나 지나치게 공격적인 발언을 할 경우, 위에서 제시한 유의사항을 지키지 않을 경우 불이익을 받을 수 있습니다.

03 면접 Role Play

1. 면접 Role Play 편성

- 교육생끼리 조를 편성하여 면접관과 지원자 역할을 교대로 진행합니다.
- 지원자 입장과 면접관 입장을 모두 경험해 보면서 면접에 대한 적응력을 높일 수 있습니다.

경험면접

STEP 1.
지원자 그룹 경험기술서 작성(30분)

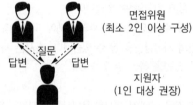

STEP 2.
경험기반 인터뷰 실시(1인당 15분)

면접위원
(최소 2인 이상 구성)

질문
답변 답변

지원자
(1인 대상 권장)

STEP 3.
피드백 진행(1인당 5분)

발표면접

STEP 1.
지원자 그룹 발표 내용 작성(30분)

STEP 2.
발표 5분+추가질의 5분(1인당 10분)

면접위원
(최소 2인 이상 구성)

질문
발표/ 발표/
답변 답변

지원자
(1인 대상 권장)

STEP 3.
피드백 진행(1인당 5분)

TIP

면접 준비하기
1. 면접 유형 확인 필수
   - 기업마다 면접 유형이 상이하기 때문에 해당 기업의 면접 유형을 확인하는 것이 좋음
   - 일반적으로 실무진 면접, 임원면접 2차례를 거쳐 면접을 실시하는 기업이 많고 실무진 면접과 임원 면접에서 평가요소가 다르기 때문에 유형에 맞는 준비방법이 필요
2. 후속 질문에 관한 사전 점검
   - 블라인드 채용 면접에서는 주요 질문과 함께 후속 질문을 통해 지원자의 직무능력을 판단
     → STAR 기법을 통한 후속 질문을 미리 대비하는 것이 필요

04 코레일네트웍스 면접 기출

1. 개인면접 질문

- 자신의 컴퓨터 활용 능력(엑셀, 한글 등)이 어느 정도인지 말해 보시오.
- 다른 사람과 차별되는 자신만의 강점에 대해 말해 보시오.
- 자신의 전공이 코레일네트웍스에 어떻게 기여할 수 있는지 말해 보시오.
- 1분간 자기 자신에 대해 소개하고, 장점과 단점에 대해 말해 보시오.
- 자기계발을 위한 취미활동에 대해 말해 보시오.
- 자신이 팀장이라면 어떤 방식으로 팀을 이끌어 나갈지 말해 보시오.
- 다른 사람과 원만하게 어울리는 자신만의 방법에 대해 말해 보시오.
- 스트레스를 해소하는 자신만의 방법에 대해 말해 보시오.
- 입사 후 목표에 대해 말해 보시오.
- 직장 내 갑질의 원인이 무엇이라 생각하는지 말해 보시오.

2. 기업관련 질문

- 자신이 지원한 분야의 업무에 대해 아는 대로 말해 보시오.
- 코레일네트웍스에 입사하기 위해 했던 노력에 대해 말해 보시오.
- 만약 자신이 코레일네트웍스의 사장이라면 어떤 직원을 우선적으로 채용할 것인지 말해 보시오.
- 코레일네트웍스의 사업에 대해 아는 대로 말해 보시오.
- 코레일네트웍스에 지원한 이유에 대해 말해 보시오.
- 일반인에게 코레일네트웍스를 소개한다면 어떻게 할 것인지 말해 보시오.
- 최근 코레일네트웍스의 주요 이슈에 대해 말해 보시오.
- 코레일네트웍스의 비전과 이를 달성하기 위해 자신이 어떻게 기여할 수 있는지 말해 보시오.
- 코레일네트웍스에 입사한다면 어떤 일을 담당하고 싶은지 말해 보시오.

3. 경험관련 질문

- 단기간에 성취를 이루어 냈던 경험에 대해 말해 보시오.
- 악성 민원인을 상대해 본 경험에 대해 말해 보시오.
- 서비스직 아르바이트를 하면서 특별히 어려웠던 경험에 대해 말해 보시오.
- 봉사활동을 한 경험에 대해 말해 보시오.
- 순환근무를 한 경험에 대해 말해 보시오.
- 주변 사람과의 갈등을 해결하는 자신만의 방법에 대해 말해 보시오.
- 어려운 상사와 근무를 해 본 경험에 대해 말해 보시오.
- 다른 사람과 함께 프로젝트를 진행한 경험에 대해 말해 보시오.

합격의공식
시대
에듀

www.sdedu.co.kr

코레일네트웍스

최종모의고사
정답 및 해설

제1회 모의고사 정답 및 해설

01	02	03	04	05	06	07	08	09	10
①	③	③	②	③	②	④	④	③	④
11	12	13	14	15	16	17	18	19	20
④	①	②	③	③	④	②	②	④	④
21	22	23	24	25					
④	①	②	①	③					

01
정답 ①

문서를 이해하기 위해 가장 먼저 행해야 할 것은 문서의 목적을 이해하는 것이다. 목적을 명확히 해야 문서의 작성 배경과 주제, 현안을 파악할 수 있다. 또한 궁극적으로 문서에서 이해한 목적을 달성하기 위해 취해야 할 행동을 생각하고 결정할 수 있게 된다.

02
정답 ③

비즈니스 레터는 사업상의 이유로 고객이나 단체에 편지를 쓰는 것이다. 직장업무나 개인 간의 연락, 직접 방문하기 어려운 고객관리 등을 위해 사용되는 비공식적 문서이나, 제안서나 보고서 등 공식 문서를 전달할 때에도 사용된다.

03
정답 ③

• 부화뇌동(附和雷同) : '우레 소리에 맞춰 함께 한다.'는 뜻으로, 자신의 뚜렷한 소신 없이 그저 남이 하는 대로 따라가는 것을 의미한다.
• 서낭에 가 절만 한다. : '서낭신 앞에 가서 아무 목적도 없이 절만 한다.'는 뜻으로, 영문도 모르고 남이 하는 대로만 따라함을 비유적으로 이르는 말이다.

오답분석
① 까맣게 잊어버린 지난 일을 새삼스럽게 들추어내서 상기시키는 쓸데없는 행동을 비유적으로 이르는 말
② 무슨 일을 힘들이지 않고 쉽게 하는 것을 비유적으로 이르는 말
④ 오달진 사람일수록 한번 타락하면 걷잡을 수 없게 된다는 말

04
정답 ②

• A : 아이의 이야기를 들어주기보다는 자신의 기준에 따라 성급하게 판단하여 충고를 하고 있다. 이는 상대방의 생각이나 느낌과 일치된 의사소통을 하지 못하는 인습적 수준에 해당한다.
• B : 아이의 이야기에 대하여 긍정적으로 반응하고 아이가 자신의 일에 책임감을 가질 수 있도록 돕고 있다. 이는 상대방의 내면적 감정과 사고를 지각하고 적극적인 성장 동기를 이해하는 심층적 수준에 해당한다.
• C : 아이의 현재 마음 상태를 이해하고 있으며, 아이의 의견을 재언급하면서 반응을 보이고 있다. 이는 상대방의 마음 상태나 전달하려는 내용을 파악하고 그에 맞는 반응을 보이는 기본적 수준에 해당한다.

공감적 이해
• 인습적 수준 : 청자가 상대방의 말을 듣고 그에 대한 반응을 보이기는 하지만, 청자가 주로 자신의 생각에 사로잡혀 있기 때문에 자기주장만 할 뿐 상대방의 생각이나 느낌과 일치된 의사소통을 하지 못하는 것이다.
• 기본적 수준 : 청자는 상대방의 행동이나 말에 주의를 기울여 상대방의 현재 마음 상태나 전달하려는 내용을 정확하게 파악하고 그에 맞는 반응을 보이는 것이다.
• 심층적 수준 : 청자는 언어적으로 명백히 표현되지 않은 상대방의 내면적 감정과 사고를 지각하고, 이를 자신의 개념 틀에 의하여 왜곡 없이 충분히 표현함으로써 상대방의 적극적인 성장 동기를 이해하고 표출하는 것이다.

05
정답 ③

문장의 형태소 중에서 조사나 선어말어미, 어말어미 등으로 쓰인 문법적 형태소의 개수를 파악해야 한다.
이, 니, 과, 에, 이, 었, 다 → 총 7개

오답분석
① 이, 을, 었, 다 → 총 4개
② 는, 가, 았, 다 → 총 4개
④ 는, 에서, 과, 를, 았, 다 → 총 6개

06
정답 ②

거래적 리더십은 기계적 관료제에 적합하고, 변혁적 리더십은 단순구조나 임시조직, 경제적응적 구조에 적합하다.

• 거래적 리더십 : 리더와 조직원들이 이해타산적 관계에 의해 규정에 따르며, 합리적인 사고를 중시하고 보강으로 동기를 유발한다.
• 변혁적 리더십 : 리더와 조직원들이 장기적 목표 달성을 추구하고, 리더는 조직원의 변화를 통해 동기를 부여하고자 한다.

07
정답 ④

빨리빨리형의 경우 성격이 급하고, 확신이 있는 말이 아니면 잘 믿지 않는 고객을 말한다. 빨리빨리형에게 애매한 화법을 사용하면 고객의 기분은 더욱 나빠질 수 있다. 빨리빨리형은 만사를 시원스럽게 처리하는 모습을 보이며 응대하는 것이 적절하다.

불만족 고객 유형별 대처 시 주의사항
• 거만형
 – 정중하게 대하는 것이 좋다.
 – 자신의 과시욕이 채워지도록 그들의 언행을 제지하지 않고 인정해 준다.
 – 의외로 단순한 면이 있으므로 일단 그의 호감을 얻게 되면 여러 면으로 득이 될 경우가 많다.
• 의심형
 – 분명한 증거나 근거를 제시하여 스스로 확신을 갖도록 유도한다.
 – 때로는 책임자로 하여금 응대하는 것도 좋다.
• 트집형
 – 이야기를 경청하고, 맞장구치고, 추켜 세우고, 설득해 가는 방법이 효과적이다.
   예 '손님의 말씀이 맞습니다. 역시 손님께서 정확하십니다.'하고 고객의 지적이 옳음을 표시한 후 '저도 그렇게 생각하고 있습니다만...' 하고 설득한다.
 – 잠자코 고객의 의견을 경청하고 사과를 하는 응대가 바람직하다.
• 빨리빨리형
 – "글쎄요?", "아마...", "저..." 하는 식으로 애매한 화법을 사용하면 고객은 신경이 더욱 날카롭게 곤두서게 된다.
 – 만사를 시원스럽게 처리하는 모습을 보이면 응대하기 쉽다.

08
정답 ④

사회적 입증 전략이란 사람은 과학적 이론보다 자신의 동료나 이웃의 말이나 행동에 의해서 쉽게 설득된다는 것이다.

오답분석

① See-Feel-Change 전략 : 시각화하고 직접 보게 하여 이해시키고(See), 스스로가 느끼게 하여 감동시키며(Feel), 이를 통해 상대방을 변화시켜(Change) 설득에 성공한다는 전략이다.
② 호혜 관계 형성 전략 : 협상당사자 간에 어떤 혜택들을 주고받은 관계가 형성되어 있으면 그 협상과정상의 갈등해결에 용이하다는 것이다.
③ 헌신과 일관성 전략 : 협상당사자 간에 기대하는 바에 일관성 있게 헌신적으로 부응하여 행동하게 되면 협상과정상의 갈등해결이 용이하다는 것이다.

09
정답 ③

고객 불만 처리 프로세스 중 '해결약속' 단계에서는 고객이 불만을 느낀 상황에 대해 관심과 공감을 보이며, 문제의 빠른 해결을 약속해야 한다.

고객 불만 처리 프로세스 8단계
1. 경청
2. 감사와 공감표시
3. 사과
4. 해결약속
5. 정보파악
6. 신속처리
7. 처리확인과 사과
8. 피드백

10
정답 ④

인간관계를 형성할 때 가장 중요한 요소는 무엇을 말하느냐, 어떻게 행동하느냐보다 사람됨이다. 다른 사람과의 인간관계를 형성하기 시작하는 출발점은 자신의 내면이고, 내적 성품이다.

11
정답 ④

• (가) 탐색형 문제 : 현재의 상황을 개선하거나 효율을 높이기 위한 것이다. 눈에 보이지 않는 문제로, 이를 방치하면 뒤에 큰 손실이 따르거나 결국 해결할 수 없는 문제로 확대되기도 한다.
• (나) 발생형 문제 : 우리 눈앞에 발생한 상황을 걱정하고, 해결하기 위해 고민하는 것이다. 눈에 보이는 이미 일어난 문제로, 어떤 기준을 이탈함으로써 생기는 이탈 문제와 기준에 미달하여 생기는 미달 문제로 대변되며, 원상복귀가 필요하다.
• (다) 설정형 문제 : 미래상황에 대응하는 장래 경영전략의 문제로, '앞으로 어떻게 할 것인가.'에 대한 문제이다. 지금까지 해오던 것과 관계없이 미래 지향적으로 새로운 과제 또는 목표를 설정함에 따라 일어나는 문제로, 목표 지향적 문제이기도 하다.

12 　　　　　　　　　　　　정답 ①

K사장은 논증의 결론 자체를 전제의 일부로 받아들이는 순환논증의 오류를 범하고 있다.

오답분석
② 무지의 오류 : 증명할 수 없거나 알 수 없음을 이유로 하여 거짓이라고 추론하는 오류이다.
③ 논점 일탈의 오류 : 논점과 관계없는 것을 제시하여 무관한 결론에 이르게 되는 오류이다.
④ 대중에 호소하는 오류 : 군중심리를 자극하여 논지를 받아들이게 하는 오류이다.

13 　　　　　　　　　　　　정답 ②

ㄱ. 사업 추진 경험을 강점으로 활용하여 예산 확보가 어렵다는 위협요소를 제거하는 전략으로, ST전략에 해당한다.
ㄷ. 국토정보 유지관리사업은 이미 강점에 해당하므로, 약점을 보완하여야 하는 WO전략으로 적절하지 않다.

14 　　　　　　　　　　　　정답 ③

주어진 조건을 정리해보면 다음과 같다.

구분	가	나	다	라
경우 1	호밀식빵	우유식빵	밤식빵	옥수수식빵
경우 2	호밀식빵	밤식빵	우유식빵	옥수수식빵

따라서 항상 참인 것은 ③이다.

오답분석
①・②・④ 주어진 조건만으로는 판단하기 힘들다.

15 　　　　　　　　　　　　정답 ③

브레인스토밍(Brainstorming)
• 한 사람이 생각하는 것보다 다수가 생각하는 것이 아이디어가 많다.
• 아이디어의 수가 많을수록 질적으로 우수한 아이디어가 나올 수 있다.
• 아이디어는 비판이 가해지지 않으면 많아진다.

오답분석
① 스캠퍼(Scamper) 기법 : 창의적 사고를 유도하여 신제품이나 서비스 등을 생각하는 발상 도구이다.
② 여섯 가지 색깔 모자(Six Thinking Hats) : 각각 중립적, 감정적, 부정적, 낙관적, 창의적, 이성적 사고를 뜻하는 여섯 가지 색의 모자를 차례대로 바꾸어 쓰면서 모자 색깔이 뜻하는 유형대로 생각해보는 방법이다.
④ TRIZ(Teoriya Resheniya Izobretatelskikh Zadatch) : 문제에 대하여 이상적인 결과를 정하고, 그 결과를 얻는 데 모순이 되는 것을 찾아 모순을 극복할 수 있는 해결안을 찾는 40가지 방법에 대한 이론이다.

16 　　　　　　　　　　　　정답 ④

블록체인은 거래 정보를 중앙 서버가 아닌 네트워크 참가자 모두가 공동으로 기록하고 관리하는 기술이다.

17 　　　　　　　　　　　　정답 ②

오답분석
① 피싱(Phishing) : 금융기관 등의 웹사이트나 거기서 보내온 메일로 위장하여 개인의 인증번호나 신용카드번호, 계좌정보 등을 빼내 이를 불법적으로 이용하는 사기수법이다.
③ 스미싱(Smishing) : 휴대폰 사용자에게 웹사이트 링크를 포함하는 문자메시지를 보내 휴대폰 사용자가 웹사이트에 접속하면 트로이목마를 주입해 휴대폰을 통제하며 개인정보를 빼내는 범죄 유형이다.
④ 스누핑(Snooping) : 소프트웨어 프로그램(스누퍼)을 이용하여 원격으로 다른 컴퓨터의 정보를 엿볼 수 있어, 개인적인 메신저 내용, 로그인 정보, 전자 우편 등의 정보를 몰래 획득하는 범죄 유형이다.

18 　　　　　　　　　　　　정답 ②

오답분석
ㄴ. 데이터의 중복을 줄이고, 검색을 쉽게 해준다.
ㄹ. 데이터의 무결성과 안정성을 높인다.

19 　　　　　　　　　　　　정답 ④

ㄴ. POS는 상품 판매시점 관리시스템(Point of Sales system)으로, 행정 분야가 아닌 편의점, 백화점 등 산업 분야에서 사용된다.
ㄷ. CAI는 컴퓨터 보조 교육(Computer Assisted Instruction)으로, 학습자들이 프로그램을 활용하여 학습 속도와 학습 시간을 개인차에 따라 조절 가능하다. 따라서 공장 등 산업 분야가 아닌 교육 분야에서 활용된다.
ㄹ. CAM은 컴퓨터 이용 생산(Computer Aided Manufacturing)으로, 소프트웨어를 이용하여 부품의 생산을 담당하게 함으로써 제품 공정 과정을 자동화하여 생산성을 향상시킬 수 있다. 따라서 교육이 아닌 산업 분야에서 활용되는 내용이다.

오답분석
ㄱ. MIS는 경영정보시스템(Management Information System), DSS는 의사결정지원시스템(Decision Support System)으로, 기업경영 분야에서 활용되는 컴퓨터 프로그램이다.

20
정답 ④

정보화 사회의 심화로 정보의 중요성이 높아지면, 그 필요성에 따라 정보에 대한 요구가 폭증한다. 또한 방대한 지식을 토대로 정보 생산 속도도 증가하므로 더욱 많은 정보가 생성된다. 따라서 이러한 정보들을 토대로 사회의 발전 속도는 더욱 증가하므로 정보의 변화 속도도 증가한다.

오답분석

① 개인 생활을 비롯하여 정치, 경제, 문화, 교육, 스포츠 등 거의 모든 분야의 사회생활에서 정보에 의존하는 경향이 점점 더 커지기 때문에 정보화 사회는 정보의 사회적 중요성이 가장 많이 요구된다.

② 정보화의 심화로 인해 정보 독점성이 더욱 중요한 이슈가 되어 국가 간 갈등이 발생할 수 있지만, 이보다는 실물 상품뿐만 아니라 노동, 자본, 기술 등의 생산 요소와 교육과 같은 서비스의 국제 교류가 활발해서 세계화가 진전된다.

③ 정보화 사회는 지식정보와 관련된 산업이 부가가치를 높일 수 있는 산업으로 각광받으나, 그렇다고 해서 물질이나 에너지 산업의 부가가치 생산성이 저하되지 않는다. 오히려 풍부한 정보와 지식을 토대로 다른 산업의 생산성이 증대될 수 있다.

21
정답 ④

㉠ 영리조직 : 재산상의 이익을 목적으로 활동하는 조직이다.
㉡ 비영리조직 : 자체의 이익을 추구하지 않고 공익을 목적으로 하는 조직이다.

22
정답 ①

조직의 규칙과 규정은 조직의 목표나 전략에 따라 수립되어 조직구성원들의 활동범위를 제약하고 일관성을 부여하는 기능을 한다. 예를 들어 인사규정, 총무규정, 회계규정 등이 있다.

23
정답 ②

목표관리(Management By Objectives)란 조직의 상하 구성원들이 참여의 과정을 통해 조직 단위와 구성원의 목표를 명확하게 설정하고, 그에 따라 생산 활동을 수행하도록 한 뒤 업적을 측정ㆍ평가하는 포괄적 조직관리 체제를 말한다. 목표관리는 종합적인 조직운영 기법으로 활용될 뿐만 아니라 근무성적평정 수단, 예산 운영 및 재정관리의 수단으로 다양하게 활용되고 있다.

오답분석

① 과업평가계획(Project Evaluation and Review Technique) : 특정 프로젝트의 일정과 순서를 계획적으로 관리하는 기법으로, 계획내용인 프로젝트의 달성에 필요한 모든 작업을 작업 관련 내용과 순서를 기초로 하여 네트워크상으로 파악한다.

③ 조직개발(Organization Development) : 조직의 유효성과 건강을 높이고, 환경변화에 적절하게 대응하기 위하여 구성원의 가치관과 태도, 조직풍토, 인간관계 등을 향상시키는 변화활동을 의미한다.

④ 총체적 질관리(Total Quality Management) : 조직의 생산성과 효율성을 제고시키기 위하여 조직구성원 전원이 참여하여 고객의 욕구와 기대를 충족시키도록 지속적으로 개선해 나가는 활동을 의미한다.

24
정답 ①

ㄱ. 조직의 업무는 원칙적으로 업무분장에 따라 이루어져야 하지만, 실제 수행 시에는 상황에 따라 효율성을 극대화시키기 위해 변화를 주는 것이 바람직하다.

ㄴ. 구성원 개인이 조직 내에서 책임을 수행하고 권한을 행사할 때, 기반이 되는 것은 근속연수가 아니라 직급이다.

오답분석

ㄷ. 업무는 관련성, 동일성, 유사성, 수행시간대 등 다양한 기준에 따라 통합 혹은 분할하여 수행하는 것이 효율적이다.

ㄹ. 직위는 조직의 각 구성원들에게 수행해야 할 일정 업무가 할당되고, 그 업무를 수행하는데 필요한 권한과 책임이 부여된 조직상의 위치이다.

25
정답 ③

조직의 변화에 있어서 실현가능성과 구체성은 중요한 요소이다.

오답분석

① 조직의 변화는 조직에 영향을 주는 환경의 변화를 인지하는 것에서부터 시작된다. 영향이 있는 변화들로 한정하지 않으면 지나치게 방대한 요소를 고려하게 되어 비효율이 발생한다.

② 변화를 실행하려는 조직은 기존 규정을 개정해서라도 환경에 적응하여야 한다.

④ 조직구성원들이 현실에 안주하고 변화를 기피하는 경향이 강할수록 환경 변화를 인지하지 못한다.

제2회 모의고사 정답 및 해설

01	02	03	04	05	06	07	08	09	10
②	②	①	④	③	④	③	④	④	③
11	12	13	14	15	16	17	18	19	20
①	④	②	①	④	④	④	④	③	①
21	22	23	24	25					
③	②	③	③	④					

01 정답 ②
제시문은 텔레비전의 언어가 개인의 언어 습관에 미치는 악영향을 경계하면서, 올바른 언어 습관을 길들이기 위해 문학 작품 독서를 강조하고 있다.

02 정답 ②
'썩이다'는 '걱정이나 근심으로 몹시 괴로운 상태가 되게 하다.'라는 뜻이다. ②는 맥락에 따라 '물건이나 사람 또는 사람의 재능 따위가 쓰여야 할 곳에 제대로 쓰이지 못하고 내버려진 상태에 있게 하다.'라는 뜻의 '썩히다'로 써야 한다.

03 정답 ①
상대를 정면으로 마주하는 자세는 자신이 상대방과 함께 의논할 준비가 되어 있다는 것을 알리는 자세이므로 경청을 하는 데 있어 올바른 자세이다.

04 정답 ④
기획서에 대한 설명이다. 보고서는 궁금한 점에 대해 질문받을 것에 대비하고, 업무상 진행과정에서 작성하므로 핵심 내용을 구체적으로 제시해야 한다.

05 정답 ③
제시문은 『구운몽』의 일부 내용으로, 주인공이 부귀영화를 누렸던 한낱 꿈으로부터 현실로 돌아오는 부분이다. 따라서 부귀영화란 일시적인 것이어서 그 한때가 지나면 그만임을 비유적으로 이르는 말인 ③이 가장 적절하다.

오답분석
① 공든 탑이 무너지랴. : 힘을 다하고 정성을 다하여 한 일은 그 결과가 반드시 헛되지 아니함을 비유적으로 이르는 말이다.
② 산 까마귀 염불한다. : 무엇을 전혀 모르던 사람도 오랫동안 보고 듣노라면 제법 따라 할 수 있게 됨을 비유적으로 이르는 말이다.
④ 고양이가 쥐 생각해 준다. : 속으로는 해칠 마음을 품고 있으면서 겉으로는 생각해 주는 척함을 비유적으로 이르는 말이다.

06 정답 ④
A, B, C는 각자 자신이 해야 할 일이 무엇인지 정확하게 알고 있으며, 서로의 역할도 이해하는 모습을 볼 수 있다. 이처럼 효과적인 팀은 역할을 명확하게 규정한다.

07 정답 ③
• 주대리 : 관리자는 현행 체계를 유지하고자 하므로 리더가 상대적으로 더 미래지향적이다.
• 차주임 : 리더는 사람을 중시하는 반면, 관리자는 체제나 기구를 더 중시한다.

오답분석
• 김팀장・박대리 : 새로운 상황의 창조자인 리더는 리스크를 예상하고 감수하는 혁신지향적 성향이 있으며, 관리자는 리스크를 회피하는 유지지향적 성향이 있다.

08 정답 ④
'윈 – 윈(Win – Win) 관리법'은 갈등을 피하거나 타협하는 것이 아닌 모두에게 유리할 수 있도록 문제를 근본적으로 해결하는 방법이다. 귀하와 A사원이 공통적으로 가지는 근본적인 문제는 금요일에 일찍 퇴근할 수 없다는 것이므로, 금요일 업무시간 전에 청소를 할 수 있다면 귀하와 A사원 모두에게 유리할 수 있는 갈등해결방법이 된다.

오답분석
① '나도 지고 너도 지는 방법'인 회피형에 대한 방법이다.
② '나는 지고 너는 이기는 방법'인 수용형에 대한 방법이다.
③ '서로가 타협적으로 주고받는 방법'인 타협형에 대한 방법이다.

09　정답 ④

전화를 다른 부서로 연결할 때 양해를 구하지 않았으며, 다른 부서의 사람이 전화를 받을 수 있는 상황인지를 사전에 확인하지 않았다.

10　정답 ③

A씨와 통화 중인 고객은 고객의 불만표현 유형 중 하나인 빨리빨리형으로, 성격이 급하고 확신 있는 말이 아니면 잘 믿지 못하는 모습을 보이고 있다. 이러한 경우 "글쎄요.", "아마"와 같은 애매한 표현은 고객의 불만을 더 높일 수 있다.

11　정답 ①

- (가) 사실 지향의 문제 : 일상 업무에서 일어나는 상식, 편견을 타파하여 객관적 사실로부터 사고와 행동을 출발한다.
- (나) 가설 지향의 문제 : 현상 및 원인 분석 전에 지식과 경험을 바탕으로 일의 과정이나 결과 및 결론을 가정한 다음, 검증 후 사실일 경우 다음 단계의 일을 수행한다.
- (다) 성과 지향의 문제 : 기대하는 결과를 명시하고 효과적으로 달성하는 방법을 사전에 구성하고 실행에 옮긴다.

12　정답 ④

주어진 상황에서는 과거의 경험이라는 제한된 정보를 바탕으로 일반화를 하고 있다. 성급한 일반화의 오류는 제한된 정보, 부적합한 증거, 대표성을 결여한 사례를 근거로 일반화하는 오류이다. 따라서 이와 같은 논리적 오류가 나타난 사례는 ④이다.

오답분석

① 인신공격의 오류 : 논거의 부당성보다 그 주장을 한 사람의 인품이나 성격을 비난함으로써 그 주장이 잘못이라고 하면서 발생하는 오류이다.
② 순환논증의 오류 : 논증의 결론 자체를 전제의 일부로 받아들이는 오류이다.
③ 무지의 오류 : 증명할 수 없거나 알 수 없음을 이유로 하여 거짓이라고 추론하는 오류이다.

13　정답 ②

브레인스토밍은 문제의 해결책을 찾기 위해 여러 사람이 자유롭게 아이디어를 제시하는 방법이므로, 어떠한 내용의 아이디어라도 비판을 해서는 안 된다.

14　정답 ①

문제해결을 위해서는 체계적인 교육훈련을 통해 일정 수준 이상의 문제해결능력을 발휘할 수 있도록 조직과 실무자의 노력이 필요하다. 또한 고정관념과 편견 등 심리적 타성 및 기존의 패러다임을 극복하고 새로운 아이디어를 효과적으로 낼 수 있는 창조적 스킬 등을 습득하는 것이 필요하다. 이는 창조적 문제해결능력을 향상시켜야 함을 의미하며, 문제해결방법에 대한 체계적인 교육훈련을 통해서 얻을 수 있다. 따라서 문제해결을 위해서 개인은 사내외의 체계적인 교육훈련을 통해 문제해결을 위한 기본 지식뿐 아니라 본인이 담당하는 전문영역에 대한 지식도 습득해야 한다. 이를 바탕으로 문제를 조직 전체의 관점과 기능단위별 관점으로 구분하고, 스스로 해결할 수 있는 부분과 조직 전체의 노력을 통해서 해결할 수 있는 부분으로 나누어 체계적으로 접근해야 한다. 따라서 ①은 문제해결을 위한 필수요소로 적절하지 않다.

15　정답 ④

라는 1분단에 배정되었으므로 가, 나, 다는 1분단에 앉을 수 없다. 나는 1분단에 앉을 수 없고, 2, 3분단에 앉은 적이 있으므로 4분단에 배정된다. 다는 1분단에 앉을 수 없고, 2분단과 4분단에 앉은 적이 있으므로 3분단에 배정된다. 가는 나머지 2분단에 배정된다.

가	나	다	라
2분단	4분단	3분단	1분단

따라서 항상 참인 것은 ④이다.

16　정답 ④

저장매체에 저장된 자료는 시간이 지나도 언제든지 동일한 형태로 재생이 가능하므로 정적정보에 해당한다.

오답분석

① 정보는 원래 형태 그대로 활용하거나 분석, 정리 등 가공하여 활용할 수 있다.
② 정보를 가공하는 것뿐 아니라 일정한 형태로 재표현하는 것도 가능하다.
③ 시의성이 사라지면 정보의 가치가 떨어지는 동적정보와 달리, 정적정보의 경우 이용 후에도 장래에 활용을 하기 위해 정리하여 보존하는 것이 좋다.

17　정답 ④

게시판 사용 네티켓

- 글의 내용은 간결하게 요점만 작성한다.
- 제목에는 글의 내용을 파악할 수 있는 함축된 단어를 쓴다.
- 글을 쓰기 전에 이미 같은 내용의 글이 없는지 확인한다.
- 글의 내용 중에 잘못된 점이 있으면 빨리 수정하거나 삭제한다.
- 게시판의 주제와 관련 없는 내용은 올리지 않는다.

18
정답 ④

4차 산업혁명이란 사물인터넷, 인공지능, 빅데이터, 블록체인 등 정보통신기술의 '융합'으로 새로운 서비스와 산업이 창출되는 차세대 혁명이다. 4차 산업혁명은 2016년 1월 'WEF; 세계경제포럼'에서 클라우스 슈밥 회장이 사용하면서 전 세계에 영향을 미쳤다.

• 융합 : 다른 종류의 것이 녹아서 서로 구별이 없게 하나로 합하여지거나 그렇게 만듦. 또는 그런 일

오답분석

• 복합 : 여러 개를 합침
• 집합 : 어떤 조건에 따라 결정되는 요소의 모임
• IMD : 국제경영개발대학원

19
정답 ③

공장 자동화(FA; Factory Automation)는 모든 제품 공정 과정을 자동화하여 생산성 향상과 원가 절감, 불량품 감소 등 제품 경쟁력 향상에 활용한다.

오답분석

① 컴퓨터 보조 교육(CAI), 컴퓨터 관리 교육(CMI)의 형태이다.

20
정답 ①

오답분석

② 웹 마이닝 : 웹 자원으로부터 의미 있는 패턴, 프로파일 등의 정보를 추출하는 데이터 마이닝의 일부이다.
③ 오피니언 마이닝 : 웹 사이트와 소셜 미디어 등에서 특정 주제에 대한 이용자의 여론 등을 수집하고 분석하여 정보를 도출하는 빅테이터 처리 기술이다.
④ 소셜 마이닝 : 소셜 미디어에 게시되는 글과 사용자를 분석하여 소비자의 흐름 및 패턴을 파악하여 트렌드 및 여론 추이를 읽어내는 기술이다.

21
정답 ③

벤치마킹은 모방과는 달리 성공한 상품, 우수한 경영 방식 등의 장점을 배우고 자사 등의 환경에 맞추어 재창조하는 것을 말한다.

오답분석

① 벤치마킹이란 외부의 기술을 받아들이는 것이 아닌 받아들인 기술을 자신의 환경에 적합한 기술로 재창조하는 것을 말한다.
② 벤치마킹이란 특정 분야에서 뛰어난 업체나 상품, 기술, 경영 방식 등을 배워 합법적으로 응용하는 것을 의미한다.
④ 간접적 벤치마킹에 대한 설명이다. 직접적 벤치마킹은 벤치마킹 대상을 직접 방문하여 수행하는 방법이다.

22
정답 ②

사례 1은 차별화 전략의 대표적인 사례로, 넓은 시장에서 경쟁우위 요소를 차별화로 두는 전략이다.

23
정답 ③

사례 2는 집중화 전략에 대한 내용이다. 집중화 전략의 결과는 특정 목표에 대해 차별화되거나 낮은 원가를 실현할 수 있는데, 예를 들면 그 지역의 공급자가 고객과의 제휴를 통해 낮은 원가 구조를 확보할 수 있다. 또한 특정 세분화된 시장이 목표가 되므로 다른 전략에 비해 상대적으로 비용이 적게 들고, 성공했을 경우 효과는 작지만 특정 세분시장에서의 이익을 확실하게 확보할 수 있다.

24
정답 ③

사례 3은 비용우위 전략과 차별화 전략을 동시에 적용한 사례이다. 토요타는 JIT 시스템을 통해 비용을 낮추는 비용우위 전략을 취함과 동시에 기존 JIT 시스템을 현재 상황에 맞게 변형한 차별화 전략을 추구하고 있다.
ⓒ · ⓔ 비용우위 전략+차별화 전략

오답분석

ⓐ 비용우위 전략
ⓑ 집중화 전략

25
정답 ④

조직구조는 조직 내의 부문 사이에 형성된 관계로 조직목표를 달성하기 위한 조직구성원들의 상호작용을 보여 준다. 조직구조는 의사결정권의 집중정도, 명령계통, 최고경영자의 통제, 규칙과 규제의 정도에 따라 달라지며, 구성원들의 업무나 권한이 분명하게 정의된 기계적 조직과 의사결정권이 하부구성원들에게 많이 위임되고 업무가 고정적이지 않은 유기적 조직으로 구분할 수 있다.

제3회 모의고사 정답 및 해설

01	02	03	04	05	06	07	08	09	10
④	④	②	②	③	②	②	④	③	④
11	12	13	14	15	16	17	18	19	20
④	③	④	②	④	①	③	③	①	②
21	22	23	24	25					
②	④	②	②	②					

01　　　　　　　정답 ④

말을 지나치게 자주 중지하는 것은 결정적인 의견이 없거나 긴장, 저항을 의미한다.

02　　　　　　　정답 ④

'왜?'라는 질문은 보통 진술을 가장한 부정적·추궁적·강압적인 표현이므로 사용하지 않는 것이 좋다.

03　　　　　　　정답 ②

ㄱ. 정보의 양이 과다한 경우 의사소통에 혼선을 줄 수 있다.
ㄹ. 실시간 의사교환이 필요한 경우에는 전화가 메일보다 효과적인 소통 수단이다.

오답분석
ㄴ. 지나치게 과업에 집중한 대화는 과업이 아닌 다른 부분에 소홀하게 하며 원활한 의사소통을 저해할 수 있다.
ㄷ. 상호 신뢰가 부족하면 업무상이라도 하지 못할 말들이 있기 때문에 효율성이 낮을 수 있다.

04　　　　　　　정답 ②

• 최과장 : 휴대전화가 발달하면서 문자를 남기는 등의 방안이 활성화되었으므로 전화 메모가 오히려 감소하였다.
• 이주임 : 업무 메모는 본인의 추진 업무뿐만 아니라 상대의 추진 업무의 진행상황 및 내용에 대해서 기록하는 것도 포함한다.

05　　　　　　　정답 ③

자기의 사상이나 감정에 관하여 말하는 것은 연설에 대한 설명으로, 제시문에서 설명하는 인상적인 의사소통의 한 방법으로 보기는 어렵다.

오답분석
① 신체언어를 사용하여 의사소통을 할 경우 보다 효과적으로 관심을 끌 수 있다.
② 다양한 표현법을 덧붙일 경우 상대의 마음을 끌어당길 수 있다.
④ 익숙한 표현법보다 새로운 표현법을 사용할 경우에 더 인상 깊게 전달할 수 있다.

06　　　　　　　정답 ②

3단계는 상대방의 입장을 파악하는 단계이다. 자기 생각을 말한 뒤 A씨의 견해를 물으며 상대방의 입장을 파악하려는 ②가 3단계에 해당하는 대화로 가장 적절하다.

07　　　　　　　정답 ②

조직의 의사결정 과정이 창의성을 발휘할 수 있는 분위기에서 진행된다면, 적절한 수준의 내부적 갈등이 순기능을 할 가능성이 높다.

08　　　　　　　정답 ④

올바른 갈등해결방법
• 사람들과 눈을 자주 마주친다.
• 어려운 문제는 피하지 말고 맞선다.
• 어느 한쪽으로 치우치지 않는다.
• 타협하려 애쓴다.
• 논쟁하고 싶은 유혹을 떨쳐낸다.
• 존중하는 자세로 사람들을 대한다.
• 마음을 열어놓고 적극적으로 경청한다.
• 자신의 의견을 명확하게 밝히고 지속적으로 강화한다.
• 다른 사람들의 입장을 이해한다.
• 사람들이 당황하는 모습을 자세하게 살핀다.

09
정답 ③

B부장의 부탁으로 여러 가게를 돌아다니다가 물건을 찾았다면 일단 사가는 것이 옳다. 그러고 나서 금액이 초과되어 돈을 보태어 산 상황을 얘기하고 그 돈을 받는다.

10
정답 ④

화가 난 고객을 대응하는 데 있어서는 먼저 고객을 안정시키는 것이 최우선이며, 이후에 고객이 이해할 수 있는 수준의 대응을 제시해야 한다.

11
정답 ④

3C 분석에서 3C는 사업 환경을 구성하고 있는 자사(Company), 경쟁사(Competitor), 고객(Customer)을 뜻한다.

12
정답 ③

해결안 선정을 위해서는 중요도와 실현가능성 등을 고려해서 종합적인 평가를 내려야 한다.

13
정답 ④

해결안 선정을 위해 중요도와 실현가능성 등을 고려하여 종합적인 평가를 내리고, 채택 여부를 결정하는 과정에서 팀장은 실현가능성이 부족하다고 하였다. 실현가능성에서 체크해야 하는 항목은 개발기간, 개발능력, 적용가능성이다. 고객만족도는 중요도에 해당하므로 고려해야 할 가능성이 가장 낮다.

14
정답 ②

설정형 문제는 앞으로 어떻게 할 것인가 하는 문제를 의미한다. 설정형 문제는 지금까지 해오던 것과 전혀 관계없이 미래 지향적으로 새로운 과제 또는 목표를 설정함에 따라 발생하는 문제로써, 목표 지향적 문제라고 할 수 있다. 문제 해결에 많은 창조적인 노력이 요구되어 창조적 문제라고 하기도 한다.

오답분석
① 발생형 문제 : 우리가 바로 직면하고 걱정하고 해결하기 위해 고민하는 문제를 의미한다. 문제의 원인이 내재되어 있기 때문에 원인 지향적인 문제라고도 한다.
③ 잠재형 문제 : 드러나지 않았으나 방치해 두면 불량이 발생하는 문제를 의미한다.
④ 탐색형 문제 : 현재 상황을 개선하거나 효율을 높이기 위한 문제를 의미한다. 문제를 방치하면 뒤에 큰 손실이 따르거나 결국 해결할 수 없는 문제로 나타나게 된다.

15
정답 ④

㉠은 Logic Tree 방법에 대한 설명으로 문제 도출 단계에서 사용되며, ㉡은 3C 분석 방법에 대한 설명으로 문제 인식 단계의 환경 분석 과정에서 사용된다. 또한 ㉢은 Pilot Test에 대한 설명으로 실행 및 평가 단계에서 사용되며, 마지막으로 ㉣의 해결안을 그룹화하는 방법은 해결안을 도출하는 해결안 개발 단계에서 사용된다. 따라서 문제해결절차에 따라 문제해결방법을 바르게 나열하면 ㉡ → ㉠ → ㉣ → ㉢의 순서가 된다.

16
정답 ①

오답분석
② AI(Artificial Intelligence) : 컴퓨터에서 인간과 같이 사고하고, 생각하고, 학습하고, 판단하는 논리적인 방식을 사용하는 인간지능을 본 딴 고급 컴퓨터 시스템을 의미한다.
③ 딥 러닝(Deep Learning) : 컴퓨터가 여러 데이터를 이용해 마치 사람처럼 스스로 학습할 수 있게 하기 위해 인공 신경망(ANN; Artificial Neural Network)을 기반으로 구축한 기계 학습 기술을 의미한다.
④ 블록체인(Block Chain) : 누구나 열람할 수 있는 장부에 거래 내역을 투명하게 기록하고, 여러 대의 컴퓨터에 이를 복제해 저장하는 분산형 데이터 저장기술을 의미한다.

17
정답 ③

정보의 효과적인 사용 절차는 전략적으로 기획하여 필요한 정보를 수집하고, 수집된 정보를 필요한 시점에 사용될 수 있도록 관리하여 정보를 활용하는 것이다.

18
정답 ③

세탁기 신상품의 컨셉이 중년층을 대상으로 하기 때문에 성별이 아닌 연령에 따라 자료를 분류하여, 중년층의 세탁기 선호 디자인에 대한 정보가 필요함을 알 수 있다.

19
정답 ①

정보관리의 3원칙
• 목적성 : 사용목표가 명확해야 한다.
• 용이성 : 쉽게 작업할 수 있어야 한다.
• 유용성 : 즉시 사용할 수 있어야 한다.

20 정답 ②

1차 자료와 2차 자료는 다음과 같다.

1차 자료	단행본, 학술지와 학술지 논문, 학술회의자료, 연구보고서, 학위논문, 특허정보, 표준 및 규격자료, 레터, 출판 전 배포자료, 신문, 잡지, 웹 정보자원 등
2차 자료	사전, 백과사전, 편람, 연감, 서지데이터베이스 등

따라서 2차 자료에 해당되는 것은 ②이다.

21 정답 ②

우선 박비서에게 회의 자료를 받아와야 하므로 비서실을 들러야 한다. 다음으로 기자단 간담회는 대회 홍보 및 기자단 상대 업무를 맡은 홍보팀에서 자료를 정리할 것이므로 홍보팀을 거쳐야 한다. 또한, 승진자 인사 발표 소관 업무는 인사팀이 담당한다고 볼 수 있으며, 회사의 차량 배차에 대한 업무는 총무팀과 같은 지원부서의 업무로 보는 것이 적절하다.

22 정답 ④

필리핀에서 한국인을 대상으로 범죄가 이루어지고 있다는 것은 심각하게 고민해야 할 사회문제이지만, 그렇다고 우리나라로 취업하기 위해 들어오려는 필리핀 사람들을 막는 것은 적절하지 않은 행동이다.

23 정답 ②

시각, 청각, 후각, 촉각, 미각의 다섯 가지 감각을 통해 만들어진 감각 마케팅의 사례로, 개인화 마케팅의 사례로 보기는 어렵다.

오답분석

① 고객들의 개인적인 사연을 기반으로 광고 서비스를 제공함으로써 개인화 마케팅의 사례로 적절하다.
③ 고객들이 자신이 직접 사과를 받는 듯한 효과를 얻게 됨으로써 개인화 마케팅의 사례로 적절하다.
④ 댓글 작성자의 이름을 기반으로 이벤트를 진행함으로써 개인화 마케팅의 사례로 적절하다.

24 정답 ②

C주임은 최대 작업량을 잡아 업무를 진행하면 능률이 오를 것이라는 오해를 하고 있다. 하지만 이럴 경우 시간에 쫓기게 되어 오히려 능률이 떨어질 가능성이 있다. 실현 가능한 목표를 잡고 우선순위를 세워 진행하는 것이 적절하다.

25 정답 ②

①·③·④는 인터뷰 준비를 위한 업무처리 내용이고, ②는 인터뷰 사후처리에 대한 내용이므로 우선순위 면에서는 가장 낮다.

제4회 모의고사 정답 및 해설

01	02	03	04	05	06	07	08	09	10
①	④	③	①	③	④	②	④	②	②
11	12	13	14	15	16	17	18	19	20
④	④	④	①	①	①	③	④	③	③
21	22	23	24	25					
④	④	④	③	③					

01 　　　　　　　　　　　　　　　　　　정답 ①

공문서는 주로 문어체로 작성한다.

오답분석

② 연도와 월일을 반드시 함께 기입한다.
③ 누가, 언제, 어디서, 무엇을, 어떻게(왜)가 정확하게 드러나도록 작성해야 한다.
④ 마지막엔 반드시 끝자로 마무리한다.

02 　　　　　　　　　　　　　　　　　　정답 ④

A는 직접적인 대화보다 눈치를 중요시하고 있으므로 '말하지 않아도 아는 문화'에 안주하고 있다. 따라서 A는 의사소통에 대한 잘못된 선입견과 고정관념을 가지고 있다.

의사소통을 저해하는 요소
• '일방적으로 말하고', '일방적으로 듣는' 무책임한 마음 → 의사소통 과정에서의 상호작용 부족
• '그래서 하고 싶은 말이 정확히 뭐야?' 분명하지 않은 메시지 → 복잡한 메시지, 경쟁적인 메시지
• '말하지 않아도 아는 문화'에 안주하는 마음 → 의사소통에 대한 잘못된 선입견, 고정관념

03 　　　　　　　　　　　　　　　　　　정답 ③

보고서는 업무 진행 과정에서 쓰는 경우가 대부분이므로 무엇을 도출하고자 했는지 핵심내용을 구체적으로 제시해야 한다. 내용의 중복을 피하고 산뜻하고 간결하게 작성하며, 복잡한 내용일 때에는 도표나 그림을 활용한다. 또한 보고서는 개인의 능력을 평가하는 기본요인이므로 제출하기 전에 최종점검을 해야 한다. 따라서 P사원이 작성해야 할 문서는 보고서이다.

04 　　　　　　　　　　　　　　　　　　정답 ①

장단은 단어의 의미를 구별하는 비분절 음운으로, 소리의 길고 짧음을 의미한다. '말'은 하나의 단어이지만 짧게 발음하면 '말[馬]' 또는 '말[斗]'이 되고, 길게 발음하면 '말[語]'이 된다.

05 　　　　　　　　　　　　　　　　　　정답 ③

직업생활에서 요구되는 문서적인 의사소통능력은 문서로 작성된 글이나 그림을 읽고 내용을 이해하고 요점을 판단하며, 이를 바탕으로 목적과 상황에 적합하도록 아이디어와 정보를 전달할 수 있는 등 문서를 작성하는 능력을 말한다. 반면, 언어적인 의사소통능력은 상대방의 이야기를 듣고 의미를 파악하며, 이에 적절히 반응하고 자신의 의사를 목적과 상황에 맞게 설득력을 가지고 표현하는 능력을 말한다.
• 문서적인 의사소통 : ㉠, ㉢, ㉤
• 언어적인 의사소통 : ㉡, ㉣

06 　　　　　　　　　　　　　　　　　　정답 ④

고객만족 조사는 1회 조사보다 연속조사를 권장한다. 1회 조사는 조사방법이나 질문내용이 부적절하거나 정확한 조사결과를 얻기 어렵기 때문이다. 참고로 연속조사에는 조사방법과 질문내용을 변경하지 않는 것이 좋다. 조사에 있어 생각지 못한 영향을 받을 수 있기 때문이다. 단, 위험을 초래하지 않는 경우라면 예전의 질문과 새로운 질문을 병행시키는 등의 계획을 세우는 것도 좋다.

07 　　　　　　　　　　　　　　　　　　정답 ②

해당 고객은 대출 이자가 잘못 나갔다고 생각하고 일처리를 잘못한다고 의심하는 상황이기 때문에 의심형 불만고객이다.

고객 불만 표현 유형
• 거만형 : 자신의 과시욕을 드러내고 싶어 하는 사람으로, 보통 제품을 폄하하는 고객
• 의심형 : 직원의 설명이나 제품의 품질에 대해 의심을 많이 하는 고객
• 트집형 : 사소한 것으로 트집을 잡는 까다로운 고객
• 빨리빨리형 : 성격이 급하고, 확신 있는 말이 아니면 잘 믿지 않는 고객

08
정답 ④

㉰ 빠른 해결을 약속하지 않으면 다른 불만을 야기하거나 불만이 더 커질 수 있다.

㉴ 고객의 불만이 대출과 관련된 내용이기 때문에 이 부분에 대해 답변을 해야 한다.

오답분석

㉮ 해결 방안은 고객이 아닌 M기관에서 제시하는 것이 적절하다.

㉯ 불만을 동료에게 전달하는 것은 고객의 입장에서는 알 필요가 없는 정보이기 때문에 굳이 말할 필요가 없다.

09
정답 ②

고객 불만 처리는 정확하게, 그리고 최대한 신속히 이루어져야 한다. 재발 방지 교육은 고객 보고 후 실시해도 무방하므로 신속하게 고객에게 상황을 보고하는 것이 우선이다.

오답분석

① 고객 보고 후 피드백이 이루어지면, 고객 불만처리의 결과를 잘 파악할 수 있다.

③ 고객 불만 접수와 함께 진심어린 사과도 이루어져야 한다.

④ 고객 불만 접수 단계에서는 고객의 불만을 경청함으로써 불만 사항을 잘 파악하는 것이 중요하다.

10
정답 ②

전체적인 대화 내용을 살펴보면, 고객이 자신이 주문한 제품이 언제 배송이 되는지를 문의하고 있다. 특히, 고객의 대화 내용 중 '아직도 배송이 안 됐어요. 배송이 왜 이렇게 오래 걸리나요?'라는 부분에서 배송에 대한 불만을 표하고 있음을 알 수 있다. 이 같은 고객 불만을 응대할 경우에는 고객에게 불편을 끼친 부분에 대해서 양해를 먼저 구하는 것이 기본적인 응대 방법이다. 따라서 업무 처리 전에 '먼저 불편을 드려서 죄송합니다.'라는 식으로 고객의 감정에 동의하는 말을 하는 것이 적절하다.

11
정답 ④

창의적인 사고가 선천적으로 타고난 사람들에게만 있다든가, 후천적 노력에는 한계가 있다는 것은 편견이다.

12
정답 ④

브레인스토밍(Brainstorming)은 어떤 문제의 해결책을 찾기 위해 여러 사람이 자유롭게 아이디어를 제시하도록 요구하는 방법으로, 가능한 많은 양의 아이디어를 모아 그 속에서 해결책을 찾는 방법이다. 따라서 제시된 아이디어에 대해 비판해서는 안 되며, 다양한 아이디어를 결합하여 최적의 방안을 찾아야 한다.

브레인스토밍 진행 방법

① 주제를 구체적이고 명확하게 정한다.

② 구성원의 얼굴을 볼 수 있는 자석 배치와 큰 용지를 준비한다.

③ 구성원들의 다양한 의견을 도출할 수 있는 사람을 리더로 선출한다.

④ 구성원은 다양한 분야의 사람들 5∼8명 정도로 구성한다.

⑤ 발언은 누구나 자유롭게 할 수 있도록 하며, 모든 발언 내용을 기록한다.

⑥ 아이디어에 대해 비판해서는 안 된다.

13
정답 ④

WT전략은 약점을 보완하여 위협을 회피하는 전략이므로 강점인 높은 접근성을 강조한 마케팅의 ④는 WT전략으로 적절하지 않다.

오답분석

① SO전략은 강점을 살려 기회를 포착하는 전략이므로 강점인 전국적 물류망을 활용한 택배 배송 지역의 확장은 택배 수요 증가의 기회를 살리는 SO전략으로 적절하다.

② WO전략은 약점을 보완하여 기회를 포착하는 전략이므로 약점인 보수적 조직문화의 쇄신을 통한 공공기관으로서의 경쟁력 확보는 WO전략으로 적절하다.

③ ST전략은 강점을 살려 위협을 회피하는 전략이므로 민간 업체들과의 경쟁 심화라는 위협에 대응하기 위해 강점인 공공기관으로서의 신뢰성을 활용하는 차별화 전략은 ST전략으로 적절하다.

14
정답 ①

흔히 우리는 창의적 사고가 특별한 사람들만이 할 수 있는 대단한 능력이라고 생각하지만, 우리 또한 일상생활에서 창의적인 사고를 끊임없이 하고 있으며, 이러한 창의적 사고는 누구에게나 있는 능력이다. 예를 들어 어떠한 일을 할 때 더 쉬운 방법이 없을까 고민하는 것 역시 창의적 사고 중 하나로 볼 수 있다.

오답분석

②·③·④ 모두 창의적 사고에 대한 옳은 설명으로, 이 밖에도 창의적 사고란 발산적(확산적) 사고로서, 아이디어가 많고 다양하고 독특한 것을 의미한다. 이때 이 아이디어란 통상적인 것이 아니라 기발하거나 신기하며 독창적인 것이어야 하며, 유용하고 적절하며 가치가 있어야 한다.

15 정답 ①

문제해결을 위해서는 체계적인 교육훈련을 통해 일정 수준 이상의 문제해결능력을 발휘할 수 있도록 조직과 각 실무자의 노력이 필요하다. 또한 고정관념과 편견 등 심리적 타성 및 기존의 패러다임을 극복하고 새로운 아이디어를 효과적으로 낼 수 있는 창조적 스킬 등을 습득하는 것이 필요하다. 이는 창조적 문제해결능력을 향상시켜야 함을 의미하며, 문제해결 방법에 대한 체계적인 교육훈련을 통해서 얻을 수 있다. 따라서 문제해결을 위해서 개인은 사내외의 체계적인 교육훈련을 통해 문제해결을 위한 기본 지식뿐 아니라 본인이 담당하는 전문영역에 대한 지식도 습득해야 한다. 이를 바탕으로 문제를 조직 전체의 관점과 각 기능단위별 관점으로 구분하고, 스스로 해결할 수 있는 부분과 조직 전체의 노력을 통해서 해결할 수 있는 부분으로 나누어 체계적으로 접근해야 한다. 그러므로 ①번의 '반복적인 교육훈련'은 문제해결을 위한 필수요소로 적절하지 않다.

16 정답 ①

데이터베이스(DB; Data Base)란 여러 응용 프로그램들이 공유하는 관련 데이터들의 모임이다. 대학 내 서로 관련 있는 데이터들을 하나로 통합하여 데이터베이스로 구축하게 되면, 학생 관리 프로그램, 교수 관리 프로그램, 성적 관리 프로그램은 이 데이터베이스를 공유하며 사용하게 된다. 이처럼 데이터베이스는 여러 사람에 의해 공유되어 사용될 목적으로 통합하여 관리되는 데이터의 집합을 말하며, 자료항목의 중복을 없애고 자료를 구조화하여 저장함으로써 자료 검색과 갱신의 효율을 높인다.

오답분석

② 유비쿼터스(Ubiquitous) : 사용자가 네트워크나 컴퓨터를 의식하지 않고 장소에 상관없이 자유롭게 네트워크에 접속할 수 있는 정보통신 환경을 의미한다.
③ RFID : 극소형 칩에 상품정보를 저장하고 안테나를 달아 무선으로 데이터를 송신하는 장치를 말한다.
④ NFC : 전자태그(RFID)의 하나로 13.56Mhz 주파수 대역을 사용하는 비접촉식 근거리 무선통신 모듈이며, 10cm의 가까운 거리에서 단말기 간 데이터를 전송하는 기술을 말한다.

17 정답 ③

'1인 가구의 인기 음식(ⓒ)'과 '5세 미만 아동들의 선호 색상(ⓑ)'은 각각 음식과 색상에 대한 자료를 가구, 연령으로 특징지음으로써 자료를 특정한 목적으로 가공한 정보(Information)로 볼 수 있다.

오답분석

㉠·㉣·㉤ 특정한 목적이 없는 자료(Data)의 사례이다.
ⓒ 특정한 목적을 달성하기 위한 지식(Knowledge)의 사례이다.

18 정답 ④

제시된 자료는 '운동'을 주제로 나열되어 있는 자료임을 알 수 있다. ①·②·③은 운동을 목적으로 하는 지식의 사례이나, ④는 운동이 아닌 '식이요법'을 목적으로 하는 지식의 사례로 볼 수 있다.

19 정답 ③

정보를 관리하지 않고 그저 머릿속에만 기억해두는 것은 정보관리에 허술한 사례이다.

오답분석

①·④ 정보검색의 바람직한 사례이다.
② 정보전파의 바람직한 사례이다.

20 정답 ③

대부상황은 개인정보 중 신용정보로 분류된다.

21 정답 ④

A팀장이 요청한 중요 자료를 먼저 전송하고, PPT 자료를 전송해야 한다. 점심 예약전화는 오전 10시 이전에 처리해야 하고, 오전 내에 거래처 미팅일자 변경 전화를 해야 한다. 따라서 B대리가 가장 먼저 해야 할 일은 ④이다.

22 정답 ④

부서 명칭만 듣고도 대략 어떤 업무를 담당하는지 알고 있어야 한다. 인사팀의 주요 업무는 근태관리·채용관리·인사관리 등이 있다. 인사기록카드 작성은 인사팀의 업무인 인사관리에 해당하는 부분이므로, 인사팀에 제출하는 것이 적절하다. 한편, 총무팀은 회사의 재무와 관련된 전반적 업무를 총괄한다. 회사의 부서 구성을 보았을 때, 비품 구매는 총무팀의 소관 업무로 보는 것이 적절하다.

23 정답 ④

현재 시각이 오전 11시이므로 오전 중으로 처리하기로 한 업무를 가장 먼저 처리해야 한다. 따라서 오전 중으로 고객에게 보내기로 한 자료 작성(ㄹ)을 가장 먼저 처리한다. 다음으로 오늘까지 처리해야 하는 업무 두 가지(ㄱ, ㄴ) 중 비품 신청(ㄱ)보다 부서장이 지시한 부서 업무 사항(ㄴ)을 먼저 처리하는 것이 적절하다. 그리고 특별한 상황이 없는 한 개인의 단독 업무보다는 타인·타 부서와 협조된 업무를 우선적으로 처리해야 한다. 따라서 '고객에게 보내기로 한 자료 작성(ㄹ) – 부서 업무 사항(ㄴ) – 인접 부서의 협조 요청(ㄷ) – 단독 업무인 비품 신청(ㄱ)' 순서로 업무를 처리해야 한다.

24

티베트의 문화를 존중하고 대접을 받는 손님의 입장에서 볼 때, 차를 마실 때 다 비우지 말고 입에 살짝 대는 것이 가장 적절한 행동이다.

오답분석

① 주인이 권하는 차를 거절하면 실례가 되므로 적절하지 않다.
② 대접받는 손님의 입장에서 자리를 피하는 것은 적절하지 않다.
④ 힘들다는 자신의 감정이 드러날 수 있으므로 적절하지 않다.

25

롱테일 법칙대로라면 일 년에 한두 권밖에 안 팔리는 책일지라도 이러한 책들의 매출이 모이고 모여 베스트셀러 못지않은 수익을 낼 수 있다.

제5회 모의고사 정답 및 해설

01	02	03	04	05	06	07	08	09	10
④	③	④	④	③	②	④	①	④	④
11	12	13	14	15	16	17	18	19	20
④	④	①	④	②	②	②	①	①	④
21	22	23	24	25					
①	②	④	④	①					

01 정답 ④

보기는 과거 의사소통능력 수업에 대한 문제를 제기하고 있다. 따라서 이에 대한 문제점인 ㄷ이 보기 다음에 이어지는 것이 자연스럽다. ㄴ은 과거 문제점에 대한 해결법으로 '문제중심학습(PBL)'을 제시하므로 ㄷ 다음에 오는 것이 적절하며, ㄱ 역시 '문제중심학습(PBL)'에 대한 장점으로 ㄱ 다음에 오는 것이 적합하다. 마지막으로 ㄹ의 경우 '문제중심학습(PBL)'에 대한 주의할 점으로 마지막으로 오는 것이 가장 매끄럽다.

02 정답 ③

직업생활에 있어서의 의사소통이란 공식적인 조직 안에서의 의사소통을 의미한다. 직업생활에서의 의사소통은 조직의 생산성을 높이고, 사기를 진작시키고 정보를 전달하며, 설득하려는 목적이 있다.

03 정답 ④

우리는 직업생활에 있어 자신에게 주어진 각종 문서나 자료에 수록된 정보를 확인하여, 알맞은 정보를 구별하고 비교하여 통합할 수 있어야 한다. 또한 문서에서 주어진 문장이나 정보를 읽고 이해하여 자신에게 필요한 행동이 무엇인지 추론할 수 있어야 한다. 따라서 ㉠ 확인, ㉡ 구별, ㉢ 비교, ㉣ 통합, ㉤ 추론이 옳다.

04 정답 ④

말의 속도와 리듬에 있어서 매우 빠르거나 짧게 얘기하면 공포나 노여움을 나타낸다.

05 정답 ③

ㄴ. 보도자료 : 정부 기관이나 기업체, 각종 단체 등이 언론을 상대로 자신들의 정보가 기사로 보도되도록 하기 위해 보내는 자료
ㄷ. 비즈니스 메모 : 업무상 필요한 중요한 일이나 앞으로 체크해야 할 일이 있을 때 필요한 내용을 메모형식으로 작성하여 전달하는 글

오답분석

ㄱ. 상품소개서 : 소비자에게 상품의 특징을 잘 전달해 상품을 구입하도록 유도하는 것을 목적으로 하며, 일반인들이 친근하게 읽고 내용을 쉽게 이해하도록 하는 문서
ㄹ. 제품설명서 : 제품 구입도 유도하지만 제품의 사용법을 자세히 알려주는 것을 주목적으로 하여 제품의 특징과 활용도에 대해 세부적으로 언급하는 문서

06 정답 ②

인간관계의 커다란 손실은 사소한 것으로부터 비롯된다. 즉, 대인관계에 있어 상대방의 사소한 일에 대해 관심을 가져야 하며, 이를 위한 작은 친절과 공손함은 매우 중요하다. 이와 반대로 작은 불손, 작은 불친절, 하찮은 무례 등은 감정은행계좌의 막대한 인출을 가져온다.

오답분석

① 상대방의 입장을 이해하고 양보하는 노력은 감정은행계좌에 인격과 신뢰를 쌓는 중요한 예입수단이다.
③ 실수를 인정하고 진지하게 사과하는 것은 감정은행계좌에 신뢰를 예입하는 것이다.
④ 상대방에 대한 칭찬과 배려는 상호 신뢰관계를 형성하고 사람의 마음을 움직이게 하는 중요한 감정예입 행위이다.

07
정답 ④

ㄷ. 객관적 평가를 위해 계획단계에서 설정한 평가 지표에 따라 평가하는 것은 조직목표 달성의 효과성 개선을 위한 노력으로 적절하다.

ㄹ. 개방적 의사소통은 조직목표 달성의 효과성 개선에 도움이 되므로 팀을 수평적 구조로 재구성하는 것은 적절하다.

오답분석

ㄱ. 책임소재를 명확히 하는 것은 좋으나, 조직목표 달성의 효과성 개선을 위해서는 절차보다 결과에 초점을 맞추어야 한다. 따라서 절차상의 하자 제거를 최우선시하는 것은 바람직하지 않다.

ㄴ. 내부 의견이 일치하지 않는 경우 단순히 주관적 판단인 부서장의 의견을 따르기보다는 의견수렴을 통해 합리적이고 건설적으로 해결하여야 한다.

08
정답 ①

오답분석

ⓒ · ⓜ 관리자에 대한 설명이다.

리더와 관리자의 특징

리더	관리자
• 새로운 상황 창조자	• 상황에 수동적
• 혁신지향적	• 유지지향적
• 사람을 중시	• 오늘에 초점을 맞춤
• 내일에 초점을 맞춤	• 사람을 관리
• 사람의 마음에 불을 지핌	• 체제나 기구를 중시
• 정신적	• 기계적
• 계산된 리스크를 취함	• 리스크를 회피
• '무엇을 할까?'를 생각	• '어떻게 할까?'를 생각

09
정답 ④

뚜껑의 법칙에서 뚜껑은 리더를 의미하며, 뚜껑의 크기로 표현되는 리더의 역량이 조직의 성과를 이끈다는 것을 의미한다. 리더의 역량이 작다면 부하직원이 아무리 뛰어나도 병목 현상의 문제점이 발생할 수 있는 것이다.

10
정답 ④

현상을 유지하고 조직에 순응하려는 경향은 반 – 임파워먼트 환경에서 나타나는 모습이다.

임파워먼트 환경의 특징
• 업무에 있어 도전적이고 흥미를 가지게 된다.
• 학습과 성장의 기회가 될 수 있다.
• 긍정적인 인간관계를 형성할 수 있다.
• 개인들이 조직에 공헌하며 만족하는 느낌을 가질 수 있다.
• 자신의 업무가 존중받고 있음을 느낄 수 있다.

11
정답 ④

내부뿐만 아니라 활용할 수 있는 외부의 자원까지 이용하고자 하는 경우는 고정관념에 얽매이지 않거나 단순한 정보에만 의지하는 것이 아니라 문제해결에 있어 새로운 실용적인 방법을 찾는 과정에 포함될 수 있으므로 문제해결의 방해 요인이 아니다.

문제를 해결하는 데 방해가 되는 요소
• 문제를 철저하게 분석하지 않는 경우
• 고정관념에 얽매이는 경우
• 너무 많은 자료를 수집하려고 노력하는 경우

12
정답 ④

도색이 벗겨진 차선과 지워지기 직전의 흐릿한 차선은 현재 직면하고 있으면서 바로 해결 방법을 찾아야 하는 문제이므로 눈에 보이는 발생형 문제에 해당한다. 발생형 문제는 기준을 일탈함으로써 발생하는 일탈 문제와 기준에 미달하여 생기는 미달 문제로 나누어 볼 수 있는데, 기사에서는 정해진 규격 기준에 미달하는 불량도료를 사용하여 문제가 발생하였다고 하였으므로 이를 미달 문제로 분류할 수 있다. 따라서 기사에 나타난 문제는 발생형 문제로, 미달 문제에 해당한다.

13
정답 ①

비판적 사고를 개발하기 위한 태도에는 지적 호기심, 객관성, 개방성, 융통성, 지적 회의성, 지적 정직성, 체계성, 지속성, 결단성, 다른 관점에 대한 존중이 있다.

14
정답 ④

상황을 모두 고려하면 '자동차 관련 기업의 주식을 사서는 안 된다.'는 결론이 타당하다.

오답분석

① 두 번째, 세 번째 상황은 고려하고 있지 않다.
② 세 번째 상황을 고려하고 있지 않다.
③ 상황을 모두 고려하고 있으나 자동차 산업과 주식시장이 어떻게 되는가를 전달하고 있지 않다.

15
정답 ②

오답분석

① 문제 인식 : 해결해야 할 전체 문제를 파악하여 우선순위를 정하고, 선정문제에 대한 목표를 명확히 하는 단계이다.
③ 원인 분석 : 파악된 핵심문제에 대한 분석을 통해 근본 원인을 도출하는 단계이다.
④ 해결안 개발 : 문제로부터 도출된 근본원인을 효과적으로 해결할 수 있는 최적의 해결방안을 수립하는 단계이다.

16 정답 ②

① 자료 : 정보 작성을 위하여 필요한 자료를 말하는 것으로, 이는 '아직 특정 목적에 대하여 평가 되지 않은 상태의 숫자나 문자들의 단순한 나열'을 뜻한다.

③ 지식 : '어떤 특정의 목적을 달성하기 위해 과학적 또는 이론적으로 추상화되거나 정립되어 있는 일반화된 정보'를 뜻하는 것으로, 어떤 대상에 대하여 원리적·통일적으로 조직되어 객관적 타당성을 요구할 수 있는 판단의 체계를 제시한다.

④ 지혜 : 지식을 통해 패턴을 파악하고 원리를 깨달아 계속해서 응용하는 것을 뜻한다.

17 정답 ②

Why(왜)는 목적을 의미한다. ②는 강연 목적으로 적절하다.

① Why(왜)에 해당한다.
③ When(언제)에 해당한다.
④ Who(누가)에 해당한다.

18 정답 ①

2인 이상 예약 시 할인 혜택은 예산(금액, 인력, 시간, 시설자원 등)을 나타내는 내용과 가깝다. 따라서 How much(얼마나)에 적합한 내용으로 볼 수 있다.

19 정답 ①

정보화사회란 정보가 사회의 중심이 되는 사회로서 기술과 정보통신을 활용하여 사회 각 분야에서 필요로 하는 가치 있는 정보를 창출하고, 보다 유익하고 윤택한 생활을 영위하는 사회로 발전시켜 나가는 사회를 의미한다.

20 정답 ④

정보의 기획단계에서는 5W2H를 사용한다. 5W2H에는 WHAT, WHERE, WHEN, WHY, WHO, HOW, HOW MUCH가 있다.

21 정답 ①

(가)는 경영전략 추진과정 중 환경분석이며, 이는 외부 환경분석과 내부 환경분석으로 구분된다. 외부 환경으로는 기업을 둘러싸고 있는 경쟁자, 공급자, 소비자, 법과 규제, 정치적 환경, 경제적 환경 등을 볼 수 있으며, 내부 환경은 기업구조, 기업문화, 기업자원 등이 해당된다. ①에서 설명하는 예산은 기업자원으로서 내부 환경분석의 성격을 가지며, 다른 사례들은 모두 외부 환경분석의 성격을 가짐을 알 수 있다.

22 정답 ②

미국에서는 악수를 할 때 상대의 눈이나 얼굴을 봐야 한다. 눈을 피하는 태도를 진실하지 않은 것으로 여기기 때문이다. 상대방과 시선을 마주보며 대화하는 것을 실례라고 생각하는 나라는 아프리카이다.

23 정답 ④

효과적인 회의의 5가지 원칙 중 D사원은 매출성장이라는 목표를 공유하여 긍정적 어법으로 회의에 임하였다. 또한, 주제를 벗어나지 않고 적극적으로 임하였으므로 가장 효과적으로 회의에 임한 사람은 D사원이다.

① 부정적인 어법을 사용하고 있다.
② 적극적인 참여가 부족하다.
③ 주제와 벗어난 이야기를 하고, 좋지 못한 분위기를 조성한다.

24 정답 ④

중요도와 긴급성에 따라 우선순위를 둔다면 1순위는 회의 자료 준비이다. 업무 보고서는 내일 오전까지 시간이 있으므로 회의 자료를 먼저 준비하는 것이 적절하다. 그러므로 ②이 가장 적절한 행동이라 할 수 있다. 반면, ①은 첫 번째 우선순위로 놓아야 할 회의 자료 작성을 전혀 고려하지 않고 있으므로 가장 적절하지 않은 행동이라 할 수 있다.

25 정답 ①

업무환경에 '자유로운 분위기'라고 명시되어 있으므로 '중압적인 분위기를 잘 이겨낼 수 있다.'는 내용의 문구는 적절하지 않다.

제6회 모의고사 정답 및 해설

01	02	03	04	05	06	07	08	09	10
④	①	③	①	①	④	③	③	①	④
11	12	13	14	15	16	17	18	19	20
③	④	②	③	③	④	①	④	④	①
21	22	23	24	25					
①	③	④	③	③					

01 　　　　　　　　　　　　정답 ④
ㄷ. 보고서는 간결하고 핵심적 내용의 도출이 우선이므로, 내용 중복은 지양하여야 한다.
ㄹ. 참고자료는 반드시 삽입하여야 하며, 정확한 정보를 표기하여야 한다.

02 　　　　　　　　　　　　정답 ①
자신이 전달하고자 하는 의사표현을 명확하고 정확하게 하지 못할 경우에는 자신이 평정을 어느 정도 찾을 때까지 의사소통을 연기한다. 하지만 조직 내에서 의사소통을 무한정으로 연기할 수는 없기 때문에 자신의 분위기와 조직의 분위기를 개선하도록 노력하는 등의 적극적인 자세가 필요하다.

03 　　　　　　　　　　　　정답 ③
인상적인 의사소통능력을 개발하기 위해서는 자주 사용하는 표현을 섞어 쓰지 않고 자신의 의견을 전달할 수 있는 것이 중요하다.

04 　　　　　　　　　　　　정답 ①
상대방에 대한 부정적인 판단 때문에 상대방의 말을 듣지 않는 것은 '판단하기'이다.

오답분석
② 조언하기 : 다른 사람의 문제를 본인이 해결해 주고자 하는 것이다.
③ 언쟁하기 : 반대하고 논쟁하기 위해서만 상대방의 말에 귀를 기울이는 것이다.
④ 걸러내기 : 듣고 싶지 않은 것들을 막아버리는 것이다.

05 　　　　　　　　　　　　정답 ①
문서의 작성은 작성 시기가 중요하다. 문서가 작성되는 시기는 문서가 담고 있어야 하는 내용에 상당한 영향을 미친다.

06 　　　　　　　　　　　　정답 ④
• 형성기 : 리더가 단독으로 의사결정을 하며 구성원들을 이끄는 지시형의 리더십이 필요하다.
• 혼란기 : 리더가 사전에 구성원들에게 충분한 설명을 제공한 후 의사결정을 하는 코치형의 리더십이 필요하다.
• 규범기 : 리더와 구성원들이 공동으로 참여하여 의사를 결정하는 참여형의 리더십이 필요하다.
• 성취기 : 권한을 위임받은 구성원들이 의사결정을 하는 위임형 리더십이 필요하다.

07 　　　　　　　　　　　　정답 ③
조직의 내규와 운영방침에 민감한 것은 수동형이 아닌 실무형이다. 수동형은 판단과 사고를 리더에 의존하는 경향이 있으므로 조직의 내규와 운영방침에 민감하지 않다.

오답분석
① 소외형은 동료들이 보기에 부정적이고 고집스러운 면이 있고, 조직에 대해 문제가 있다고 생각하기 때문에 조직 다수에 반대되는 의견을 제시하기도 한다.
② 순응형은 리더나 조직을 믿고, 기쁜 마음으로 과업을 수행한다.
④ 실무형은 사건을 균형 잡힌 시각으로 본다.

08 　　　　　　　　　　　　정답 ③
팀 에너지를 최대로 활용하는 효과적인 팀을 위해서는 팀원들이 개인의 강점을 인식하고 활용해야 한다. A씨의 강점인 꼼꼼하고 차분한 성격과 B씨의 강점인 친화력을 인식하고 A씨에게 재고 관리 업무를, B씨에게 영업 업무를 맡긴다면 팀 에너지를 향상시킬 수 있다.

오답분석
①·② 효과적인 팀을 위해서 필요하지만, K부장의 상황에 적절한 조언은 아니다.
④ 효과적인 팀의 조건으로는 문제 해결을 위해 모두가 납득할 수 있는 객관적인 결정이 필요하다.

09
정답 ①

인간은 누구나 반대되는 의견이나 생각에 부딪히게 되면 자연스럽게 반대의견을 펴게 된다. 하지만 상대방을 자기의견에 따르도록 유도하는 것이 아니라 굴복시키게 되면 그의 자아에 심대한 타격을 주게 된다. 따라서 적대감을 품게 되며 복수의 기회를 엿보게 만든다.

10
정답 ④

옆 가게 주인과 달리 B씨는 청년이 겉으로 원하는 것(콜라)만 확인하고, 실제로 원하는 것(갈증 해결)을 확인하지 못했다.

11
정답 ③

주요 과제 도출 단계에서는 한 가지 안이 아닌 다양한 과제 후보안을 도출해내는 일이 선행되어야 한다.

12
정답 ④

문제원인의 패턴

1. 단순한 인과관계 : 원인과 결과를 분명하게 구분할 수 있는 경우로, 어떤 원인이 선행함으로써 결과가 생기는 인과관계를 의미하며, 소매점에서 할인율을 자꾸 내려서 매출 점유율이 내려가기 시작하는 경우 등이 이에 해당한다.
2. 닭과 계란의 인과관계 : 원인과 결과를 구분하기가 어려운 경우로, 브랜드의 향상이 매출확대로 이어지고, 매출확대가 다시 브랜드의 인지도 향상으로 이어지는 경우 등이 이에 해당한다.
3. 복잡한 인과관계 : 단순한 인과관계와 닭과 계란의 인과관계의 두 유형이 복잡하게 서로 얽혀 있는 경우로, 대부분의 경영상 과제가 이에 해당한다.

13
정답 ②

제시문에서 '문제'는 목표와 현실의 차이이고, '문제점'은 목표가 어긋난 원인이 명시되어야 한다. 따라서 미란이의 이야기를 보면 교육훈련이 부족했다는 원인이 나와 있으므로 문제점을 말했다고 볼 수 있다.

오답분석

① 지혜는 매출액이 목표에 못 미쳤다는 문제를 말한 것이다.
③ 건우는 현재 상황을 말한 것이다.
④ 경현이는 목표를 정정했다는 사실을 말한 것뿐이다.

14
정답 ③

문제해결을 위한 방법으로 소프트 어프로치, 하드 어프로치, 퍼실리테이션(Facilitation)이 있다. 그중 마케팅 부장은 연구소 소장과 기획팀 부장 사이에서 의사결정에 서로 공감할 수 있도록 도와주는 일을 하고 있다. 또한, 상대의 입장에서 공감을 하며, 서로 타협점을 좁혀 생산적인 결과를 도출할 수 있도록 대화를 하고 있다. 따라서 마케팅 부장이 취하는 문제해결 방법은 ③이다.

오답분석

① 소프트 어프로치 : 대부분의 기업에서 볼 수 있는 전형적인 스타일로, 조직 구성원들은 같은 문화적 토양으로 가지고 이심전심으로 서로를 이해하려 하며 직접적인 표현보다 무언가를 시사하거나 암시를 통한 의사전달로 문제를 해결하는 방법이다.
② 하드 어프로치 : 다른 문화적 토양을 가지고 있는 구성원을 가정하고, 서로의 생각을 직설적으로 주장하며 논쟁이나 협상을 하는 방법으로 사실과 원칙에 근거한 토론이다.
④ 비판적 사고 : 어떤 주제나 주장 등에 대해 적극적으로 분석하고 종합하며 평가하는 능동적인 사고로 어떤 논증, 추론, 증거, 가치를 표현한 사례를 타당한 것으로 받아들일 것인지 결정을 내릴 때 요구되는 사고력이다.

15
정답 ③

K회사는 기존 커피믹스가 잘 팔리고 있다는 이유로 새로운 것에 도전하지 않는 것으로 보인다. 또한, 기존에 가지고 있는 커피를 기준으로 틀에 갇혀 블랙커피 커피믹스는 만들기 어렵다는 부정적인 시선으로 보고 있기 때문에 '발상의 전환'이 필요하다.

오답분석

① 전략적 사고 : 지금 당면하고 있는 문제와 해결 방법에만 국한되어 있지 말고, 상위 시스템 및 다른 문제와 관련이 있는지 생각해 봐야 한다.
② 분석적 사고 : 전체를 각각의 요소로 나누어 그 요소의 의미를 도출한 다음 우선순위를 부여하고 구체적인 문제해결 방법을 실행하는 것이다.
④ 내·외부자원의 효과적 활용 : 문제해결 시 기술·재료·방법·사람 등 필요한 자원 확보 계획을 수립하고, 내·외부자원을 활용하는 것을 말한다.

16
정답 ④

개인정보는 다양한 분야에서 사용할 수 있다. 개인정보는 일반정보, 가족정보, 교육 및 훈련정보, 병역정보, 부동산 및 동산 정보, 소득정보 등 다양하게 분류된다.

17
정답 ①

정보검색 연산자를 정리하면 다음과 같다.

기호	연산자	검색조건
*, &	AND	두 단어가 모두 포함된 문서를 검색
l	OR	두 단어가 모두 포함되거나, 두 단어 중에서 하나만 포함된 문서를 검색
-, !	NOT	'−' 기호나 '!' 기호 다음에 오는 단어는 포함하지 않는 문서를 검색
~, near	인접검색	앞, 뒤의 단어가 가깝게 인접해 있는 문서를 검색

따라서 옳은 것은 ①이다.

18
정답 ④

오답분석

① 키워드 검색 방식 : 찾고자 하는 정보와 관련된 핵심적인 언어인 키워드를 직접 입력하여 이를 검색 엔진에 보내어 검색 엔진이 키워드와 관련된 정보를 찾는 방식이다. 사용자 입장에서는 키워드만을 입력하여 정보 검색을 간단히 할 수 있는 장점이 있는 반면에, 키워드가 불명확하게 입력된 경우에는 검색 결과가 너무 많아 효율적인 검색이 어려울 수 있다는 단점이 있다.

② 주제별 검색 방식 : 인터넷상에 존재하는 웹 문서들을 주제별, 계층별로 정리하여 데이터베이스를 구축한 후 이용하는 방식이다. 사용자는 단지 자신이 원하는 정보를 찾을 때까지 상위의 주제부터 하위의 주제까지 분류되어 있는 내용을 선택하여 검색하면 원하는 정보를 발견하게 된다.

③ 통합형 검색 방식 : 키워드 검색 방식과 매우 유사하다. 그러나 통합형 검색 방식은 키워드 검색 방식과 같이 검색 엔진 자신만의 데이터베이스를 구축하여 관리하는 방식이 아니라, 사용자가 입력하는 검색어들이 연계된 다른 검색 엔진에게 보내고, 이를 통하여 얻어진 검색 결과를 사용자에게 보여주는 방식을 사용한다.

19
정답 ④

인터넷에서 검색한 정보에는 잘못된 정보도 있으며 오래되고 낡은 정보도 있으므로, 검색한 자료를 너무 신뢰하지 말고 자신이 원하는 자료인지를 정확하게 판단해야 한다.

20
정답 ①

오답분석

ㄷ. 전자상거래는 거래에 관련된 모든 기관과의 관련 행위를 포함한다.

ㄹ. 인터넷이라는 전자 매체를 이용한 재화 및 용역 거래는 전자상거래이다.

21
정답 ①

• (가), (바) : 곤충 사체 발견, 방사능 검출은 현재 직면한 문제로서 발생형 문제로 적절하다.

• (다), (마) : 더 많은 전압을 회복시킬 수 있는 충전지, 근로시간 단축은 현재 상황보다 효율을 더 높이기 위한 문제로서 탐색형 문제로 적절하다.

• (나), (라) : 초고령사회와 드론시대를 대비하여 미래지향적인 과제를 설정하는 것은 설정형 문제로 적절하다.

22
정답 ③

③은 제한된 증거를 가지고 결론을 도출하는 '성급한 일반화의 오류'의 사례로 볼 수 있다.

오답분석

① 대중에 호소하는 오류로 볼 수 있다. 소비자의 80%가 사용하고 있다는 점과 세탁기의 성능은 논리적으로 연결되지 않는다.

② 권위에 호소하는 오류로 볼 수 있다. 도서 디자인과 무관한 인사부 S부장님의 견해를 신뢰하여 발생하는 오류로 볼 수 있다.

④ 인신공격의 오류로 볼 수 있다. 기획서 내용을 반박하면서 이와 무관한 L사원의 성격을 근거로 사용하여 발생하는 오류로 볼 수 있다.

23
정답 ④

인·적성검사 합격자의 조 구성은 김사원이 하지만, 합격자에게 몇 조인지를 미리 공지하는지는 알 수 없다.

24
정답 ③

제시문에 나타난 '한정 판매 마케팅 기법'은 한정판 제품의 공급을 통해 의도적으로 공급의 가격탄력성을 0에 가깝게 조정한 것이다. 이 기법은 판매 기업의 입장에서는 이윤 증대를 위한 경영 혁신이지만, 소비자의 합리적 소비를 저해할 수 있다.

25
정답 ③

오답분석

㉠ 미국 바이어와 악수할 때 눈이나 얼굴을 보는 것은 좋은 행동이지만, 손끝만 살짝 잡아서는 안 되며, 오른손으로 상대방의 오른손을 잠시 힘주어서 잡아야 한다.

㉡ 이라크 사람들은 시간약속을 할 때 정각에 나오는 법이 없으며, 상대방이 으레 기다려 줄 것으로 생각하므로 좀 더 여유를 가지고 기다리는 인내심이 필요하다.

㉢ 수프를 먹을 때는 몸 쪽에서 바깥쪽으로 숟가락을 사용한다.

㉣ 빵은 수프를 먹고 난 후부터 디저트를 먹을 때까지 먹는다.

합격의공식
시대
에듀

코레일네트웍스 최종모의고사 답안카드

성 명	

지원 분야	

문제지 형별기재란	( )형 Ⓐ Ⓑ

수 험 번 호

⓪	⓪	⓪	⓪	⓪	⓪	⓪
①	①	①	①	①	①	①
②	②	②	②	②	②	②
③	③	③	③	③	③	③
④	④	④	④	④	④	④
⑤	⑤	⑤	⑤	⑤	⑤	⑤
⑥	⑥	⑥	⑥	⑥	⑥	⑥
⑦	⑦	⑦	⑦	⑦	⑦	⑦
⑧	⑧	⑧	⑧	⑧	⑧	⑧
⑨	⑨	⑨	⑨	⑨	⑨	⑨

감독위원 확인	(인)

번호	답란	번호	답란
1	① ② ③ ④	21	① ② ③ ④
2	① ② ③ ④	22	① ② ③ ④
3	① ② ③ ④	23	① ② ③ ④
4	① ② ③ ④	24	① ② ③ ④
5	① ② ③ ④	25	① ② ③ ④
6	① ② ③ ④		
7	① ② ③ ④		
8	① ② ③ ④		
9	① ② ③ ④		
10	① ② ③ ④		
11	① ② ③ ④		
12	① ② ③ ④		
13	① ② ③ ④		
14	① ② ③ ④		
15	① ② ③ ④		
16	① ② ③ ④		
17	① ② ③ ④		
18	① ② ③ ④		
19	① ② ③ ④		
20	① ② ③ ④		

코레일네트워크스 최종모의고사 답안카드

번호	①	②	③	④		번호	①	②	③	④
1	①	②	③	④		21	①	②	③	④
2	①	②	③	④		22	①	②	③	④
3	①	②	③	④		23	①	②	③	④
4	①	②	③	④		24	①	②	③	④
5	①	②	③	④		25	①	②	③	④
6	①	②	③	④						
7	①	②	③	④						
8	①	②	③	④						
9	①	②	③	④						
10	①	②	③	④						
11	①	②	③	④						
12	①	②	③	④						
13	①	②	③	④						
14	①	②	③	④						
15	①	②	③	④						
16	①	②	③	④						
17	①	②	③	④						
18	①	②	③	④						
19	①	②	③	④						
20	①	②	③	④						

성 명

지원 분야

문제지 형별기재란

형 ( ) Ⓐ Ⓑ

수험번호

⓪	①	②	③	④	⑤	⑥	⑦	⑧	⑨
⓪	①	②	③	④	⑤	⑥	⑦	⑧	⑨
⓪	①	②	③	④	⑤	⑥	⑦	⑧	⑨
⓪	①	②	③	④	⑤	⑥	⑦	⑧	⑨
⓪	①	②	③	④	⑤	⑥	⑦	⑧	⑨
⓪	①	②	③	④	⑤	⑥	⑦	⑧	⑨
⓪	①	②	③	④	⑤	⑥	⑦	⑧	⑨

감독위원 확인

(인)

코레일네트웍스 최종모의고사 답안카드

문번	①	②	③	④	문번	①	②	③	④
1	①	②	③	④	21	①	②	③	④
2	①	②	③	④	22	①	②	③	④
3	①	②	③	④	23	①	②	③	④
4	①	②	③	④	24	①	②	③	④
5	①	②	③	④	25	①	②	③	④
6	①	②	③	④					
7	①	②	③	④					
8	①	②	③	④					
9	①	②	③	④					
10	①	②	③	④					
11	①	②	③	④					
12	①	②	③	④					
13	①	②	③	④					
14	①	②	③	④					
15	①	②	③	④					
16	①	②	③	④					
17	①	②	③	④					
18	①	②	③	④					
19	①	②	③	④					
20	①	②	③	④					

〈절취선〉

코레일네트웍스 최종모의고사 답안카드

성 명	

지원 분야	

문제지 형별기재란	
(형)	Ⓐ Ⓑ

수 험 번 호

⑩	⑩	⑩	⑩	⑩	⑩	⑩
①	①	①	①	①	①	①
②	②	②	②	②	②	②
③	③	③	③	③	③	③
④	④	④	④	④	④	④
⑤	⑤	⑤	⑤	⑤	⑤	⑤
⑥	⑥	⑥	⑥	⑥	⑥	⑥
⑦	⑦	⑦	⑦	⑦	⑦	⑦
⑧	⑧	⑧	⑧	⑧	⑧	⑧
⑨	⑨	⑨	⑨	⑨	⑨	⑨

감독위원 확인	
(인)	

문번	①	②	③	④
1	①	②	③	④
2	①	②	③	④
3	①	②	③	④
4	①	②	③	④
5	①	②	③	④
6	①	②	③	④
7	①	②	③	④
8	①	②	③	④
9	①	②	③	④
10	①	②	③	④
11	①	②	③	④
12	①	②	③	④
13	①	②	③	④
14	①	②	③	④
15	①	②	③	④
16	①	②	③	④
17	①	②	③	④
18	①	②	③	④
19	①	②	③	④
20	①	②	③	④

문번	①	②	③	④
21	①	②	③	④
22	①	②	③	④
23	①	②	③	④
24	①	②	③	④
25	①	②	③	④

코레일네트웍스 최종모의고사 답안카드

성명	

지원 분야	

문제지 형별기재란	
(형)	Ⓐ Ⓑ

수험번호	
⓪ ① ② ③ ④ ⑤ ⑥ ⑦ ⑧ ⑨	
⓪ ① ② ③ ④ ⑤ ⑥ ⑦ ⑧ ⑨	
⓪ ① ② ③ ④ ⑤ ⑥ ⑦ ⑧ ⑨	
⓪ ① ② ③ ④ ⑤ ⑥ ⑦ ⑧ ⑨	
⓪ ① ② ③ ④ ⑤ ⑥ ⑦ ⑧ ⑨	
⓪ ① ② ③ ④ ⑤ ⑥ ⑦ ⑧ ⑨	
① ② ③ ④ ⑤ ⑥ ⑦ ⑧ ⑨	

감독위원 확인
(인)

1	①	②	③	④
2	①	②	③	④
3	①	②	③	④
4	①	②	③	④
5	①	②	③	④
6	①	②	③	④
7	①	②	③	④
8	①	②	③	④
9	①	②	③	④
10	①	②	③	④
11	①	②	③	④
12	①	②	③	④
13	①	②	③	④
14	①	②	③	④
15	①	②	③	④
16	①	②	③	④
17	①	②	③	④
18	①	②	③	④
19	①	②	③	④
20	①	②	③	④

21	①	②	③	④
22	①	②	③	④
23	①	②	③	④
24	①	②	③	④
25	①	②	③	④

코레일네트웍스 최종모의고사 답안카드

성 명		

지원 분야		

문제지 형별기재란	Ⓐ
( )형	Ⓑ

수험번호

0	0	0	0	0	0	0
1	1	1	1	1	1	1
2	2	2	2	2	2	2
3	3	3	3	3	3	3
4	4	4	4	4	4	4
5	5	5	5	5	5	5
6	6	6	6	6	6	6
7	7	7	7	7	7	7
8	8	8	8	8	8	8
9	9	9	9	9	9	9

감독위원 확인
(인)

1	①	②	③	④
2	①	②	③	④
3	①	②	③	④
4	①	②	③	④
5	①	②	③	④
6	①	②	③	④
7	①	②	③	④
8	①	②	③	④
9	①	②	③	④
10	①	②	③	④
11	①	②	③	④
12	①	②	③	④
13	①	②	③	④
14	①	②	③	④
15	①	②	③	④
16	①	②	③	④
17	①	②	③	④
18	①	②	③	④
19	①	②	③	④
20	①	②	③	④

21	①	②	③	④
22	①	②	③	④
23	①	②	③	④
24	①	②	③	④
25	①	②	③	④

코레일네트웍스 최종모의고사 답안카드

번호					번호				
1	①	②	③	④	21	①	②	③	④
2	①	②	③	④	22	①	②	③	④
3	①	②	③	④	23	①	②	③	④
4	①	②	③	④	24	①	②	③	④
5	①	②	③	④	25	①	②	③	④
6	①	②	③	④					
7	①	②	③	④					
8	①	②	③	④					
9	①	②	③	④					
10	①	②	③	④					
11	①	②	③	④					
12	①	②	③	④					
13	①	②	③	④					
14	①	②	③	④					
15	①	②	③	④					
16	①	②	③	④					
17	①	②	③	④					
18	①	②	③	④					
19	①	②	③	④					
20	①	②	③	④					

※ 본 답안지는 마킹연습용 모의 답안지입니다.

코레일네트웍스 최종모의고사 답안카드

성 명	

지원 분야	

문제지 형별기재란	
( )형	Ⓐ Ⓑ

수 험 번 호

⓪	⓪	⓪	⓪	⓪	⓪	⓪
①	①	①	①	①	①	①
②	②	②	②	②	②	②
③	③	③	③	③	③	③
④	④	④	④	④	④	④
⑤	⑤	⑤	⑤	⑤	⑤	⑤
⑥	⑥	⑥	⑥	⑥	⑥	⑥
⑦	⑦	⑦	⑦	⑦	⑦	⑦
⑧	⑧	⑧	⑧	⑧	⑧	⑧
⑨	⑨	⑨	⑨	⑨	⑨	⑨

감독위원 확인	
(인)	

번호	①	②	③	④		번호	①	②	③	④
1	①	②	③	④		21	①	②	③	④
2	①	②	③	④		22	①	②	③	④
3	①	②	③	④		23	①	②	③	④
4	①	②	③	④		24	①	②	③	④
5	①	②	③	④		25	①	②	③	④
6	①	②	③	④						
7	①	②	③	④						
8	①	②	③	④						
9	①	②	③	④						
10	①	②	③	④						
11	①	②	③	④						
12	①	②	③	④						
13	①	②	③	④						
14	①	②	③	④						
15	①	②	③	④						
16	①	②	③	④						
17	①	②	③	④						
18	①	②	③	④						
19	①	②	③	④						
20	①	②	③	④						

2025 최신판 시대에듀 코레일네트웍스
NCS 최종모의고사 8회분 + 인성검사 + 면접 + 무료NCS특강

개정1판1쇄 발행	2024년 08월 20일 (인쇄 2024년 06월 17일)
초 판 발 행	2022년 12월 05일 (인쇄 2022년 11월 10일)
발 행 인	박영일
책 임 편 집	이해욱
편 저	SDC(Sidae Data Center)
편 집 진 행	김재희 · 강승혜
표지디자인	하연주
편집디자인	김경원 · 곽은슬
발 행 처	(주)시대고시기획
출 판 등 록	제10-1521호
주 소	서울시 마포구 큰우물로 75 [도화동 538 성지 B/D] 9F
전 화	1600-3600
팩 스	02-701-8823
홈 페 이 지	www.sdedu.co.kr

I S B N	979-11-383-7346-3 (13320)
정 가	18,000원

합격의 공식
시대
에듀

www.sdedu.co.kr